BRANDENBURG
DER OSTEN BAND 1

Der Barnim
mit der Schorfheide
& das Oderbruch

W0390342

PRO LINE CONCEPT-Verlag

Inhalt

Bei Brodowin

Liebe Leserin, lieber Leser,

mehrere brandenburgische Regionen haben wir für Sie in diesem Band zusammengefasst, haben sie durchforstet mit Blick auf die touristischen Bedürfnisse des Besuchers: den Barnim, die Schorfheide, den Landstrich rund um Chorin und das Oderbruch. Das Ergebnis ist weit mehr, als sich im Begriff der „Streusandbüchse" widerspiegelt, den Theodor Fontane für die Mark Brandenburg prägte. Alle Gebiete sind das kontrastreiche Resultat der letzten Eiszeiten – mit Relief bestimmenden Grund- und Endmoränen, Rinnenseen und Toteislöchern im Norden und Westen sowie nachweichseleiszeitlichem Schwemmland im tiefer liegenden, tischbrettebenen Oderbruch im Osten.

Der Barnim lässt sich auf verschiedene Weise definieren, verwaltungstechnisch als Landkreis, historisch als Kulturlandschaft und naturräumlich als Moränenplateau. Letzteres, zu dem man auch Teile Berlins hinzuzählt, wird umgrenzt von zwei flachen Tälern, dem Eberswalder Urstromtal im Norden und dem Berliner Urstromtal im Süden, der Havel im Westen und dem Oderbruch sowie der Märkischen Schweiz im Osten. Der Barnim ist sanft gewellt, mit Wäldern, raumgreifenden landwirtschaftlich genutzten Flächen und einem Netz schier endloser Alleen. Der Norden und Westen des Barnim ist als Naturpark eines von fünfzehn brandenburgischen Großschutzgebieten und beliebtes Naherholungsziel vor allem der Berliner. Beispielhaft für die Attraktivität des Barnim ist das reizvolle, bei Ausflüglern so beliebte Wald- und Seen-Gebiet rund um Wandlitz und Biesenthal. Wichtigster Ort ist Bernau, historische Hauptstadt der Region, die sich ihr mittelalterliches Gepräge zum Teil bewahrt hat. Ganz anders Eberswalde, die Stadt im Grünen, der mit dem Ausbau des Finowkanals und dem später angelegten Oder-Havel-Kanal der Aufstieg zum bedeutenden Industriestandort geebnet wurde und die ihre alte industrielle Vergangenheit chancenreich nutzt, wie die Landesgartenschau 2002 gezeigt hat. Einen genaueren Blick werfen wir auf den malerischen Finowkanal, der in den vergangenen Jahren zu einem bedeutenden touristischen Anziehungspunkt entwickelt worden ist.

Weiter nördlich liegt die Schorfheide, bekannt für ihren großen Wald- und Wildreichtum. Die Chance ist groß, bei einer Wanderung durch geschützte Landschaften auf Damwild zu stoßen. Naturliebhabern bieten sich glänzende Möglichkeiten der Tierbeobachtung. Ausgedehnte Seen wie Werbellinsee und Grimnitzsee, aber auch der Parsteiner See nordöstlich von Chorin geben Raum für Freizeitvergnügen auf und im Wasser. Mitten in dieser ruhevollen Landschaft Kloster Chorin, dessen mächtige

Ruine zu den berühmtesten Baudenkmalen Brandenburgs zählt. Im Gegensatz dazu zeugt das imposante Schiffshebewerk Niederfinow von der Moderne – von Zeiten, als der Fortschrittsglaube noch ungetrübt war. Zugleich markiert es deutlich den abrupten landschaftlichen Übergang von der Hochfläche des Barnim zum Oderbruch, die sich beide durch ihr unterschiedliches Höhenniveau augenfällig voneinander abgrenzen.

Die flache, der Oder im Westen vorgelagerte Ebene des Oderbruchs wurde unter Friedrich dem Großen im 18. Jh. trockengelegt und entwickelte sich rasch zum Gemüsebeet Berlins und Brandenburgs. Der Ackerbau ist bis heute das wirtschaftliche Standbein der Region. Den schweren Verwüstungen im Zweiten Weltkrieg zum Trotz, sind viele Dörfer erhalten, die noch die Kolonistenzeit König Friedrichs II. atmen, mit Fachwerkhäusern, schmucken Dorfkirchen und den für die Region so typischen Schul- und Bethäusern. Das Oderbruch steht nicht im Rampenlicht der Öffentlichkeit, allenfalls, wenn der Oderdeich zu brechen und der Fluss das Bruch zu überschwemmen droht. Dennoch oder vielleicht gerade deswegen erliegt man dem besonderen Charme dieser Region.

Tor zum Oderbruch ist Bad Freienwalde, das alte Moorbad ganz im Norden mit seinem kleinen aber königlichen Schloss, seinen historischen Kuranlagen und der Ausstrahlung eines Mittelgebirgsstädtchens. Etliche sehenswerte Orte ziehen sich von hier die Bundesstraße 167 entlang nach Südosten. Altranft und das Freilichtmuseum, Altfriedland mit seiner Teichlandschaft und der Klosterruine, Schloss und Park Neuhardenberg, die Gedenkstätte Seelower Höhen. Nicht zu vergessen die zahlreichen Sehenswürdigkeiten in der Weite des Bruchs ... und die Oder selbst – der Strom und seine faszinierende Auenlandschaft, wo man im Sommer Störchen und anderen Großvögeln begegnet.

Barnim, Schorfheide und Oderbruch sind gut durch die Bahn erschlossen. Mehrere Linien queren das Gebiet, darunter Berlin-Küstrin, Frankfurt (Oder) – Eberswalde, Berlin – Eberswalde, Eberswalde – Angermünde und die Heidekrautbahn zwischen Berlin-Karow und Groß Schönebeck. Das Fahrrad kann problemlos mitgenommen werden und ermöglicht, besser als das Auto, ein Vordringen in die Landschaft und zu deren verborgenen Naturschönheiten.

Entdecken Sie mit uns den Barnim,
die Schorfheide und das Oderbruch!
Viel Freude dabei wünschen Ihnen
der PRO LINE CONCEPT-Verlag
und der ADAC Berlin-Brandenburg e. V.

Bei Friedrichswalde

BERNAU UND DIE BARNIM-HOCHFLÄCHE

Ein Mosaik stiller Beschaulichkeit

Die grünen Bänder der Alleen ergeben sich geduldig dem sanften Auf und Ab einer welligen Landschaft, gerade so, als würden sie von der Barnimer Dünung zwischen Bernauer Stadtmauer und Oderbruch hin und her getragen.

Die Barnim-Hochfläche lässt die Gedanken fliegen. „Schönes, schönes Wetter! Schöne grüne Blätter! Süßer Duft die Wies' entlang, süßer Feld- und Waldgesang!" So schrieb Schmidt von Werneuchen, aus dem Havelland zugezogener Barnim-Verehrer und Dichter, und so ist es noch heute, dort, wo man in die Landschaft eintaucht und sich von der Natur einfangen lässt.

Der größte Teil der Barnim-Hochfläche ist entstehungsgeschichtlich eine glaziale Grundmoräne. Geschiebe aus zwei Eiszeiten, der Saale- und der Weichseleiszeit, formen den Untergrund. Seen findet man rund um Biesenthal und Lanke im Westen und im lang gezogenen Tal des „Gamengrund", einer schmalen talartigen eiszeitlichen Rinnenseenkette bei Tiefensee. Westlich vom Gamengrund dominiert die landwirtschaftliche Nutzung, östlich bedecken weite naturnahe Wälder eine Landschaft, die bei Tiefensee immerhin 151 Höhenmeter erreicht. Das Leben in den Dörfern lässt keine Hektik zu; es scheint, als habe sich seit Schmidt von Werneuchens Zeiten nicht viel verändert.

Die Stadt Bernau, deren mittelalterliche Wehrbefestigung zu den besterhaltenen in der Mark zählt, ist das Tor zum Barnim. Dank S-Bahn- und Regionalbahnanschluss ist Bernau auch ohne Auto gut zu erreichen. Bahnhöfe gibt es darüber hinaus in Biesenthal und Melchow sowie in Werneuchen, Werftpfuhl und Tiefensee.

Im Biesenthaler Becken

Am Steintor

BERNAU

Die märkische Hussitenstadt

Eigentlich heißt es „Bernau bei Berlin", damit nur keine Verwechslung aufkommt mit dem bayrischen Bernau am Chiemsee. In diesem Reiseführer aber dürfte der hauptstädtische Zusatz kaum nötig sein. Bernau ist traditionell der wichtigste Ort im Barnim, wenngleich der Kreissitz 1993 an Eberswalde verloren ging. Die Stadt hat ihren historischen Charme zum Teil bewahrt, obwohl – und das lässt sich beim Anblick der vorhandenen Plattenbauten nicht leugnen – die Zeit der Siebziger- und Achtzigerjahre des 20. Jh.s Spuren im Stadtbild hinterlassen hat.

Bernau erhielt vermutlich in der ersten Hälfte des 13. Jh.s Stadtrecht. Es lag an wichtigen Handelsstraßen und entwickelte sich rasch zu einem der bedeutendsten Zentren in der Mittelmark. Besonders wichtig waren in Bernau Tuchmacherei, Braugewerbe und Bierhandel – bis weit ins 17. Jh. hinein Garant für beträchtlichen Wohlstand. Schon 1842 erhielt die Stadt Bahnanschluss. Der Bahnhof liegt direkt vor den Toren der Altstadt, er ist Endhaltestelle der von Berlin kommenden S-Bahn. Alle Sehenswürdigkeiten sind von dort bequem abzulaufen.

Fast die gesamte Altstadt ist von der Wehrbefestigung aus dem 14. Jh. umschlossen. Nördlich und westlich vorgelagert existieren auch noch große Teile der einstigen Wallanlage. Insgesamt war die *Stadtmauer* früher knapp 1.500 Meter lang und acht bis zehn Meter hoch. 42 Wiekhäuser (in Bernau sagt man Lughäuser) waren in den Feldsteinring eingefügt, von dort ging der wachsame Blick in die Umgebung. Sie sind in Resten erhalten (zu Wiekhäusern ↗ auch Prenzlau und Templin in Bd. Uckermark). Zwei Türme haben ebenfalls die Zeit überdauert, der *Pulverturm* im Westen und der *Hungerturm* im Osten. Gleich neben dem Hungerturm: das *Steintor* – Wahrzeichen der Stadt. Es schließt als

Stadt Bernau bei Berlin
Fremdenverkehrsamt
Bürgermeisterstraße 4
16321 Bernau bei Berlin
Fon (033 38) 76 19 19
Fax -76 19 70
E-Mail: fremdenverkehrsamt@bernau-bei-berlin.de
www.bernau-bei-berlin.de
www.hussitenfest.de

Veranstaltungen in Bernau:
2. Juni-Wochenende
Hussitenfestspiele
letzter So April, Mai, Aug., Sept.
Kunst- und Handwerkermarkt im Külzpark am Steintor
Ende Sept./Anfang Okt.
Festival Alter Musik in St. Marien

Wehrmauer

Museum Steintor
Berliner Straße
Fon (033 38) 29 24
Öffnungszeiten: Mai bis Okt.
Di–Fr 9.00–12.00 u.
14.00–17.00 Uhr
Sa u. So 10.00–13.00 u.
14.00–17.00 Uhr

größtes und einziges erhaltenes von ehemals drei Toren die Berliner Straße nach Osten ab. Anders als die Wehrmauer ist das Steintor ein spätgotischer Ziegelbau. Seit 1882 beherbergt es das städtische *Museum*, zu dessen Einweihung damals sogar der preußische Kronprinz nach Bernau kam. Die wertvolle Ausstellung zeigt neben Handwerksgegenständen und zahlreichen stadtgeschichtlichen Schriften eine bemerkenswerte und umfassende Waffensammlung, die eine Vorstellung von bürgerlicher Wehrhaftigkeit vermittelt. Bernauer Männer selbst haben diese Waffen einst getragen, schließlich waren sie im Mittelalter verpflichtet, ihre Heimatstadt im Kriegsfall zu verteidigen. Die Sammlung wurde nach dem Ersten Weltkrieg um Feuerwaffen aus dem Berliner Zeughaus erweitert. Auch sie haben im Steintor ihren Platz gefunden, neben diversen Armbrüsten, Stangen und Rüstungen. Die ältesten Stücke stammen aus dem 15. und 16. Jh.

Der mit dem Steintor verbundene *Hungerturm* kann bestiegen werden und bietet einen schönen Blick über die Dächer von Bernau. Zugang erfolgt über das Museum. Vom Turm erkennt man deutlich die herausragende bauliche Stellung von St. Marien. Sie gilt als eine der besterhaltenen und kulturhistorisch bedeutendsten Stadtkirchen Brandenburgs und besticht durch ihre reiche Ausstattung. Die heutige Bauform als Backsteinhallenkirche erhielt das evangelische Gotteshaus im 15. und 16. Jh., der Turm ersetzte erst 1845/46 den Querbau der mittelalterlichen Gründungskirche an gleicher Stelle. Das Innere von *St. Marien* ist Stilkunde pur. Der Blick an die Decke verrät unterschiedliche Gewölbearten: im großen Hauptschiff Sternnetzgewölbe, in den beiden Nordschiffen Sterngewölbe, im südlichen Seitenschiff Netzgewölbe und im Chor Kreuzrippengewölbe. So hat jede Bauzeit ihre eigene Handschrift hinterlassen. Wertvollstes Ausstattungsstück ist der über neun Meter messende Hochaltar aus dem ersten Viertel des 16. Jh.s mit prächtigen Malereien und Schnitzereien. 68 Bildtafeln und 39 hölzerne Figuren machen aus ihm eines der beachtlichsten Sakralkunstwerke Brandenburgs. Der Besucher wird die Schauseiten des Altars nicht in Gänze zu sehen bekommen, denn als Flügelaltar bleibt ein Teil der Malereien oder Schnitzereien verborgen. Die Kirchenausstattung

Blick vom Markt zu St. Marien

wird zudem bereichert durch historisches Gestühl, Kanzel und Taufbecken sowie raumprägende bemalte Emporen, sämtlich aus dem 17. Jh. Viele weitere Ausstattungsstücke und -merkmale aus mehreren Jahrhunderten, die hier nicht alle erwähnt werden können, ergänzen das sakrale Mosaik und formen St. Marien zu einem beeindruckenden Gesamtwerk.

Im Zuge des in den 70er- und 80er-Jahren durchgeführten Stadtumbaus sind viele alte Bürgerhäuser verloren gegangen. An einigen Stellen ist die historische Kulisse aber noch erhalten. Größtes zusammenhängendes Ensemble sind die fünf Häuser am Katzenellenbogen am Nordrand der Altstadt, nicht weit von St. Marien. Das älteste Wohnhaus Bernaus (*Kantorhaus* von 1582/83) befindet sich – von neuzeitlichen Bauten eingefasst – in der Tuchmacherstraße. Der Fachwerkstil steht im klaren Kontrast zu den modernen Miethäusern der Umgebung. Im *Henkerhaus*, das sich westlich der Marienkirche seit Mitte des 18. Jh.s an die Stadtmauer schmiegt, zeigt eine Ausstellung das, was man von einem Haus mit diesem Namen erwartet – Hilfsmittel des Bernauer Scharfrichters, Folterwerkzeuge und Strafinstrumente wie Schandstein und Schandmaske. Ein Bürgerzimmer und eine Schwarze Küche dokumentieren weniger die inhumane mittelalterliche Gerichtsbarkeit als das tägliche Leben im alten Bernau.

Zentraler Ort der Altstadt ist der *Marktplatz*, der seinen historischen Grundriss zurückerhalten hat, nachdem die letzte Baulücke kürzlich geschlossen wurde. Dominierend hier das klassizistische *Rathaus* von 1805. Im Westen streift die Bürgermeisterstraße das Karree. Wenn man auf ihr in Richtung Mühlenstraße die Altstadt verlässt, kommt man zu den *Wallanlagen*, einst im Verbund mit der Stadtmauer in kriegerischen Zeiten lebenserhaltender Schutz vor Angreifern, heute Ruhepol und Bernaus grüne Lunge. Sieben von ehemals acht Wällen laden zum Bummeln ein, dazwischen verlaufen wassergefüllte Gräben.

Zwei Bauten – schon außerhalb der Altstadt – sollen am Ende dieses Abschnitts nicht vergessen werden. Jenseits der Wälle an der Mühlenstraße lenkt die *St. Georgen-Kapelle* den Blick auf das Mittelalter. Sie gehörte zum 1328 von der Tuchmacher- und Gewandschneidergilde gegründeten St. Georgen-Hospital. Die Lage außerhalb der damaligen Stadt war gut gewählt, denn das Hospital nahm als eine Art Quarantäne-Station während Epidemien Pestkranke auf. Die Kapelle gilt, abgesehen von der Stadtbefestigung, als eines der ältesten Bauwerke Bernaus. Erwähnt wurde sie bereits im Jahre 1432.

Ungleich jünger ist die katholische *Herz-Jesu-Kiche* an entgegengesetzter Stelle östlich des Stadtkerns. Sie entstand erst zu Beginn des 20. Jh.s (1907/08).

Kantorhaus

Museum Henkerhaus
Am Henkerhaus, Fon (033 38) 22 45
Öffnungszeiten: Di–Fr 9.00–12.00, 13.00–17.00 Uhr, Sa u. So 10.00–13.00 u.14.00–17.00 Uhr

Der Gasometer in der Lohmühlenstr. wurde 1928/29 als Scheibengasbehälter gebaut. Der auf einem Ringfundament aus Beton gelagerte 20 Meter hohe genietete Stahlkessel mit einem Durchmesser von 12 Metern, der bis 1966 in Betrieb war, ist heute ein technisches Denkmal.

St. Georgen-Kapelle

Bernau und die Hussiten

Jedes Jahr am zweiten Juniwochenende feiern die Bernauer die Hussitenfestspiele. Bei einem Fest im Stadtpark, einem Festumzug und allerlei Veranstaltungen tritt Bernau eine Reise in seine Geschichte an. Traditionell begeht man in der Barnimstadt die Spiele seit 1832 und erinnert damit an die erfolglose Belagerung Bernaus durch die Hussiten im April des Jahres 1432. Der Name „Hussiten" geht zurück auf Jan Hus, einen tschechischen Kirchenreformer, der 1415 mit etwa 45 Jahren in Konstanz als Ketzer verbrannt wurde. Für die Tschechen ist Hus zu einem Nationalhelden geworden, weniger, weil er reformatorisches Gedankengut verbreitete, als vielmehr, weil er politisch die nationale Sache der Böhmen und Mähren vertrat. Sein großes Verdienst war die Schaffung von tschechischer Schriftsprache und Literatur. Nach Hus' Hinrichtung verfügten seine Anhänger über einen Märtyrer und gingen, nachdem der Papst und der deutsche Kaiser das böhmische „Ketzertum" militärisch zu besiegen trachteten, ihrerseits zum Angriff über. Es begann eine Reihe unheilvoller Auseinandersetzungen, die als Hussitenkriege in die Geschichte einging. Bis 1434, dem Sieg von Katholiken und gemäßigten Hussiten über die Radikalen bei Böhmisch Brod (Cesky Brod bei Prag), zogen die hussitischen Heerscharen durch Böhmen und Mähren, Ungarn, Schlesien, die Lausitz, Brandenburg, Sachsen und die Oberpfalz. In Bernau wurden damals bei der Hussiten-Belagerung alle vor der Stadtmauer liegenden Häuser zerstört, die genauen Umstände sind nicht überliefert. Entscheidend aber ist, dass Bernau nicht überrannt werden konnte und als Sieger aus der mittelalterlichen Konfrontation hervorging – für die Bernauer jedes Jahr aufs Neue ein Grund, kräftig zu feiern.

BIESENTHAL UND SEINE UMGEBUNG

Das Biesenthaler Land ist eine beschauliche Welt innerhalb des Naturparks Barnim. Mittendrin das kleine herausgeputzte Städtchen Biesenthal, rundherum Seen und Wälder. Im Süden das Naturschutzgebiet „Biesenthaler Becken“, im Westen das von drei Seen umringte Dorf Lanke, im Nordwesten Prenden und seine Seenkette, im Osten das Landschaftsschutzgebiet „Barnimer Heide“ mit dem Naturschutzgebiet „Nonnenfließ-Schwärzetal“.

Mittelpunkt Biesenthals ist ein Baum. Nicht irgendein x-beliebiger, sondern die Eiche auf dem kleinen Markt. Gepflanzt wurde sie am 3. Januar 1886 zu Ehren des silbernen Thronjubiläums Wilhelms I. Der *Marktplatz* wurde vor kurzem neu gepflastert und bietet der königlich-kaiserlichen Eiche jetzt ein standesgemäßes Umfeld. Dass Biesenthal eine Stadt ist, lässt sich am *Rathaus* ablesen. Es wurde nach dem Stadtbrand von 1756 errichtet, dem von etwa zweihundert Gebäuden vier Fünftel zum Opfer fielen, und zählt zu den ganz wenigen Fachwerk-Rathäusern Brandenburgs. Auch die *Stadtkirche*, im Kern aus dem 13. Jh., erhielt nach dem großen Feuer ihr spätbarockes Gesicht. Stellt sie sich von außen eher schlicht dar, dominiert im Innern reiche Formenfülle mit Stuck, Emporen und einem prachtvollen Kanzelaltar.

Stadtkirche

Ungewöhnlich für einen Ort dieser Größe ist die Existenz zweier großer Gotteshäuser. Die katholische *Marienkirche* täuscht das Auge. Sie sieht zwar aus wie ein Werk des Barocks, wurde aber tatsächlich erst 1908/09 als neobarocker Zentralbau errichtet.

Um die Wende zum 20. Jh. nahmen Tourismus und Kurwesen in Deutschland an Bedeutung zu, Biesenthal mauserte sich zu einem Erholungsort. Die schöne Umgebung, eine 1874 entdeckte Mineralquelle und nicht zuletzt der Bahnanschluss forcierten diese Entwicklung. Ab 1934 durfte sich Biesenthal sogar Luftkurort nennen. Der Krieg und die Umstände in den folgenden Jahrzehnten vereitelten jedoch, dass es nach 1945 an diese Zeit anknüpfen konnte. Die Zukunft lässt erwarten, dass der Tourismus wieder einen größeren Stellenwert einnehmen wird.

Wichtiger Anziehungspunkt ist, wie schon 1925 bei seiner Eröffnung, das *Strandbad* am *Großen Wukensee*. 1999 konnte es, nach historischem Vorbild restauriert, an die badefreudigen

Marienkirche

Tourismusverein Naturpark Barnim e.V.
Berliner Straße 1, 16359 Biesenthal
Fon u. Fax (033 37) 49 07 18
E-Mail: tv-naturparkbarnim@ibs-brandenburg.de
www.biesenthal.de
Heimatstube Biesenthal im Rathaus
Fon u. Fax (033 37) 401 59
Öffnungszeiten: Do 10.00–12.00 Uhr u. nach Vereinbarung

Barnimer und ihre Gäste übergeben werden. Noch einige Zeit warten muss bis zu seiner Instandsetzung der Turm auf dem Schlossberg, gelegentlich auch Kaiser-Friedrich-Turm genannt. Der 1907 fertig gestellte Bau kann zurzeit nicht bestiegen werden, der Blick über das Biesenthaler Becken bleibt also versagt. Ein örtlicher Heimatverein bemüht sich aber darum, die Warte bis zu ihrem 100. Geburtstag wieder begehbar zu machen.

Radfahrer im Biesenthaler Becken

Blicken wir im Folgenden auf die Umgebung von Biesenthal. Südwestlich der Stadt beginnt das knapp tausend Hektar große *Naturschutzgebiet Biesenthaler Becken*, ein ehemaliges Gletscherzungenbecken. Aus dem nacheiszeitlichen See, der die flache Mulde vor Jahrtausenden ausfüllte, ist mit der Zeit eine sehens- wie besonders schützenswerte Landschaft entstanden.

Der *Strehsee* sowie einige Teiche und Bachläufe sind eingebettet in verschiedene Waldökosysteme wie Misch-, Kiefern- und Erlenbruchwälder, in nasse, feuchte oder trockene Wiesen- und Rasengesellschaften. Auch nacheiszeitliche Dünenformationen findet man hier. Nicht zu vergessen die Moore, die vereinzelt auch für den Torfstich genutzt wurden. Mehrere Fließe vereinen sich unmittelbar am Westrand der Stadt Biesenthal zur Finow, die weiter im Norden bei Finowfurt zum Finowkanal ausgebaut worden ist.

Die Flora, ebenso abwechslungsreich wie das Landschaftsbild, ist überaus vielfältig. Zahllose geschützte Arten kommen vor, darunter auch diverse Orchideenarten. Die gelb blühende Trollblume, Wollgras und Sonnentau wird der eine oder andere vielleicht noch erkennen können, für die filigrane Prachtnelke oder die aufrecht blühende, rote Kuckucks-Lichtnelke muss man womöglich schon ein Pflanzenbestimmungsbuch dabei haben. Was der Flora recht ist, kann der Fauna nur billig sein, vor allem der Vogelwelt. Das Biesenthaler Becken bietet Lebensraum für große Arten wie zum Beispiel Kranich, Schwarz- und Weißstorch, mit etwas Geduld stößt der Wanderer aber auch auf den Eisvogel oder den Wachtelkönig. Von Biesenthal führen Wanderwege durch das Naturschutzgebiet, etwa zu Hell- und Plötzensee oder nach Lobetal.

Im Naturschutzgebiet Biesenthaler Becken

Andere Wege führen zur Prendener Seenkette nordwestlich von Biesenthal.

www.lobetal.de

Lobetal wurde 1906 von dem Theologen Friedrich von Bodelschwingh gegründet (geboren 1831 Tecklenburg/ Westf., gestorben 1910 Bethel bei Bielefeld). Bodelschwingh hatte in Berlin die menschenunwürdigen Zustände in den Obdachlosenasylen gesehen und war entschlossen, etwas dagegen zu unternehmen. Er schuf in Lobetal eine Kolonie nach dem Motto „Arbeit statt Almosen". Er bot Übernachtung, erwartete aber von den Bewohnern am folgenden Tag, dass sie die gewährte Unterkunft mit Arbeit abgolten. Noch ein berühmter Name steht mit Lobetal in Verbindung, Gustav Lilienthal, der Bruder des berühmten Flugpioniers (↗ in Bd. Havelland S. 112). Lilienthal hatte ein Baukastensystem für Häuser entwickelt und lieferte für Bodelschwingh wetterfeste Baracken. Unter seiner Leitung erfolgte auch der Umzug der *Lazarus-Kapelle*. Das Kirchlein westlich des Mechesees stand ursprünglich in Berlin. Es wurde dort abgetragen und in etwas veränderter Form in Lobetal wieder aufgebaut. Wahrzeichen der Siedlung ist das *Saalgebäude* im gründerzeitlichen Fachwerkstil. Die Hoffnungstaler Anstalten Lobetal zählen heute zu den größten Sozialeinrichtungen in Brandenburg, sie betreuen alte sowie geistig und psychisch behinderte Menschen und unterhalten einen Bio-Betrieb.

Zu Lanke und Prenden:
www.wandlitz.de

Lanke, fünf Kilometer westlich von Biesenthal, wird von drei Seen umkränzt, Hellsee, Obersee und Krumme Lanke. Die Gegend eignet sich gut zum Wandern, vor allem der etwa zwei Kilometer lange *Hellsee* bietet sich für eine *Rundwanderung* an, bei der man meist direkt am Ufer entlang läuft. Baden kann man am Nordufer des *Obersees* und am Ostende des Hellsees. Die Seenkette – und damit das Wandergebiet – setzt sich nach Westen zum landschaftlich besonders reizvollen Liepnitzsee fort (↗ Kap. Rund um Wandlitz).
Kulturhistorisch von Bedeutung ist in Lanke das *Herrenhaus*. Die Herrschaft Lanke ging seit dem 30-jährigen Krieg durch viele Adelshände. Ein Besitzer drückte Lanke mit dem Umbau des Hauses 1856–59 seinen besonderen Stempel auf: Graf Wilhelm von Redern, Vertrauter König Friedrich Wilhelms IV. Der Graf beauftragte den Architekten Eduard Knoblauch mit dem Umbau seines Wohnsitzes. Knoblauch – dem im Anschluss mit der neuen Berliner Synagoge in der Oranienburger Straße sein Meisterwerk gelang – ließ sich bei der Planung von der französischen Renaissance inspirieren. Schloss Lanke, wie es auch genannt wird, und das dazugehörige Land gingen 1914 für 20 Mio. Mark an die Stadt Berlin. Die Bundeshauptstadt ist bis heute zwar offizieller Eigentümer der Immobilie, nutzt das leer stehende Areal aber nicht. Es soll jedoch verkauft und zu einem Hotel ausgebaut werden.

Am Hellsee

Dorfkirche Prenden

Prenden, sechs Kilometer nordwestlich von Biesenthal, besitzt eine schöne um 1600 erbaute *Dorfkirche*. Kennzeichnend für das an erhöhter Stelle errichtete Gotteshaus ist sein mächtiger Fachwerkturm.

Prenden liegt im Süden einer sich nach Nordosten ziehenden Seenkette mit *Strehlesee*, *Bauersee*, *Mittelprendensee*, *Eiserbudersee* und *Bukowsee*. Alle außer dem Strehlesee haben Badestellen. Nordöstlich von Prenden ist **Sophienstädt** Ziel zahlreicher Urlauber, die sich in und an den Seen erholen.

Feldbackofen in Danewitz

Wenden wir uns dem Gebiet östlich von Biesenthal zu. In **Danewitz** steht eine alte *Dorfschmiede* von 1595, die bis 1974 als Hufschmiede in Betrieb war. Mehrere historische *Feldbacköfen* sind ebenfalls zu sehen. Man hat sie abgewandt vom Dorf gebaut, um das von den Backöfen ausgehende Brandrisiko zu minimieren.

Auf dem nach Norden teilweise eindrucksvoll steil abfallenden Barnimrand breitet sich bis nach Hohenfinow ein weites, zusammenhängendes, unter Landschaftsschutz gestelltes Waldgebiet aus, die *Barnimer Heide*.

Nördlich von **Melchow** erstreckt sich auf einer Fläche von ca. fünf Quadratkilometern die so genannte *Melchower Schweiz*. Ausgehend vom Naturparkbahnhof des Dorfes kann man sich diesen Landstrich gut erschließen. Die Höhe üNN schwankt zwischen 50 und 78 Metern, ein Verdienst nacheiszeitlicher Dünen. Sie entstanden vor etwa 11.000 Jahren im damals noch weitgehend unbewachsenen Gelände. Mit fortschreitender Erwärmung kamen sie zum Stillstand, sodass sich Pflanzen und Bäume ansiedeln konnten. Man findet also keine offenen Dünen in der Melchower Schweiz, vielmehr sind es wellige Oberflächenformen, die, legte man sie frei, nur Sand zum Vorschein brächten.

Weiter im Osten, ebenfalls eingebettet in das Landschaftsschutzgebiet Barnimer Heide, fließen zwei Bäche in ehemaligen eiszeitlichen Schmelzwasserrinnen, das Nonnenfließ und die Schwärze. Die Täler sind 1996 unter Naturschutz gestellt worden. Man fühlt sich dort fast wie im Mittelgebirge. Das wildro-

mantische *Nonnenfließ* schlängelt sich in schwungvollen Bögen durchs Tal. Charakteristisch die Ausbildung von Mäandern mit Prall- und Gleithängen, Umlaufbergen und Totarmen. Andere Merkmale dieser Landschaft sind Quellmulden und Moore, an den Hängen wachsen Traubeneichen und Buchen. Bester Ausgangspunkt für Wanderungen durch das Gebiet des Nonnenfließes ist Spechthausen.
Im *Schwärzetal* finden sich größere Bestände an Roterlen. Das Besondere ist die Tierwelt, denn man trifft im Naturschutzgebiet auf Arten, die für das flache Brandenburg eher untypisch sind. Zu nennen sind beispielsweise Wasseramsel oder Gebirgsstelze. Dank der guten Wasserqualität sind die Bachläufe Heimat einiger bedrohter Fischarten, darunter die Groppe und das Bachneunauge. Zwiebel-Zahnwurz, Ährige Teufelskralle, Ausdauerndes Bingelkraut, Großes Zweiblatt oder Kleines Wintergrün – um nur einige zu nennen – bereichern die artenreiche Pflanzenwelt. Westlich findet sich der Schwärzesee mit einer Badestelle.

Nonnenfließ

(Rad-)Wanderung Bhf. Melchow – Falkenberg (Mark): ca. 22 km (Karte S. 20)

Vom Bahnhof in Melchow geht es zunächst ein paar hundert Meter an der Bundesstraße 2 entlang in Richtung Eberswalde. Dann biegen wir im Dorf rechts ab und folgen dem 66-Seen-Wanderweg. Hinter Schönholz halten wir uns rechts und kommen nach etwa einem Kilometer zum Nonnenfließ. Der Waldweg führt uns nach Trampe. Dort folgen wir ein kurzes Stück der Landstraße nach Eberswalde, biegen aber noch innerhalb des Dorfes nach rechts ab. Immer noch auf dem 66-Seen-Wanderweg gelangen wir zum Nordende des Gamengrundes (↗ Tiefensee). Hinter Cöthen geht es durch das Tal des Cöthener Fließes nach Falkenberg. Alternativ bietet sich der kürzere Weg nach Eberswalde an. In diesem Falle bleibt man in Schönholz zunächst auf der Landstraße und biegt kurz darauf rechts ab. Durch das Tal des Nonnenfließes gelangt man über Spechthausen nach Eberswalde (Länge der Strecke bis Bhf. Eberswalde: gut 12 km).
Möglich ist auch die Verbindung mit einer Wanderung durch den Gamengrund. In diesem Falle biegt man am Gamensee nach Süden ab und wandert bis zum Bahnhof in Tiefensee (Länge der Strecke Melchow-Tiefensee: etwa 32 km, ↗ S. 20).

Cöthener Wasserrad

Blick von der Barnimhochfläche ins Oderbruch bei Hohenfinow

DIE BARNIM-HOCHFLÄCHE

Zwischen Bernau im Westen und dem Oderbruch im Osten erstreckt sich das weite Plateau der Barnim-Hochfläche. Kleine Waldgebiete, ausgedehnte landwirtschaftlich genutzte Flächen und stille Dörfer fügen sich in ein sanft gewelltes Relief. Zahlreiche zumeist baumbestandene Straßen durchdringen die Region, knüpfen ein Netz, das vereint mit Wäldern, Feldern und Dörfern ein Mosaik stiller Beschaulichkeit bildet. Wer die Barnim-Hochfläche besucht, sollte ein Auge für die kleinen Schönheiten haben, die das Land bereithält. Hier ein Dorfteich, in dem sich die märkischen Häuser spiegeln, dort ein Wegesrain mit Blütenpracht. Abseits der Bundesstraße 158 ist der Autoverkehr spärlich. Das Fahrrad ist das ideale Verkehrsmittel. Weiter östlich im Gamengrund oder im Blumenthaler Forst sollte man unbedingt ein paar Wanderungen unternehmen.

Auch wenn sich der Barnim naturräumlich bis nach Berlin hinein erstreckt, beginnen wir mit unserer touristischen Reise erst jenseits des Berliner Autobahnrings.

Erstes Dorf dort ist **Blumberg**. Von der Bundesstraße 158 ist nicht zu erahnen, dass der Ort einen schönen Dorfkern besitzt. Der ehemalige *Gutspark* wird in Anlehnung an den Gestalter Lennépark genannt. Vom Park geblieben ist der alte Baumbestand, der noch erahnen lässt, wie idyllisch es hier vor dem Zweiten Weltkrieg gewesen ist. Das Herrenhaus ist verschwunden.

www.werneuchen.de

Werneuchen bietet sich wegen seines Bahnhofs gut als Ausgangspunkt für die Erkundung der Barnim-Hochfläche an. Der mit Stadtrechten ausgestattete Ort selbst besitzt einen hübschen *Kirchplatz*. St. Michael, die *Pfarrkirche*, wurde 1875 eingeweiht. Gleich neben dem Gotteshaus findet sich das Grab des Dichterpfarrers Schmidt von Werneuchen.

Pfarrkirche Werneuchen

Ein Dichterpfarrer in Werneuchen ...

... sein Name: Friedrich Wilhelm August Schmidt, besser bekannt als „Schmidt von Werneuchen“. Geboren wurde er 1764 im havelländischen Fahrland. Er studierte in Halle (Saale) Theologie und wurde 1786 Prediger am Berliner Invalidenhaus. 43 Jahre, von 1795 bis zu seinem Tode 1838, verbrachte er als evangelischer Pfarrer in Werneuchen. Es war die Zeit der Romantik, in der die Dichtung sich wie nie zuvor schwärmerischen Gefühlen hingab. In seinen Gedichten lebte Schmidt künstlerisch seine Liebe zum märkischen Land aus, zu den Jahreszeiten und der Natur. Ganz anders seine Werke, in denen er das Stadtleben bemängelt: „Fort mit eurer großen Stadt! – Wer Gefühl im Busen hat, – Wird, umsäumt von Wald und Wiesen, – Sich ein friedlich Dorf erkiesen.“

Schmidts Leben war geprägt von Schicksalsschlägen, darunter dem Tod seiner erst 39 Jahre alten Frau Henriette und dem frühen Tod zweier seiner Söhne durch Diphtherie und Ertrinken. Häufig dominiert daher die Trauer in seinen Gedichten. Goethe spottete zunächst über den Wert der schmidtschen Dichtkunst. Der Werneuchener Pfarrer zählt trotzdem zu den besten märkischen Poeten seiner Zeit.

Tiefensee ist seit 1998 Endpunkt einer Regionalbahnlinie. Die weiterführende Strecke über Sternebeck nach Wriezen wurde damals leider stillgelegt. Der Bahnanschluss hat Tiefensee stets beachtliche Touristenzahlen beschert. Der kleine Ort selbst bietet zwar nicht viel, seine Umgebung besticht dafür umso mehr.

Tiefensee liegt etwa auf der Hälfte des *Gamengrundes.* Als Gamengrund bezeichnet man die an Seen und Feuchtbiotopen reiche, häufig von Wald gesäumte eiszeitliche Rinnenseen-Kette – beginnend am Bötzsee bei Strausberg erstreckt sie sich in Fließrichtung bis zum Gamensee südlich von Hohenfinow. Während der Weichsel-Eiszeit floss hier subglazial, also unter der Gletschermasse, Schmelzwasser in Richtung Süden. In dieser Rinne verblieben auch dann noch lange Eisreste, als die Haupteismassen sich bereits nach Norden zurückgezogen hatten. Nach dem Abschmelzen dieser Toteisreste blieb das ehemalige Abflusstal erhalten. Diese naturräumliche Erscheinung findet man recht häufig in Nordbrandenburg, selten aber zeigt sich das Naturphänomen so unberührt.

Bitte an die Hausschwalben

Schon strahlet durch die Lindenäste
Der Morgen rot und sommerlich.
Mit Halmen trägt zum stillen Neste
Im Schnabel schon die Taube sich.

Das Eis am Dachgesimse schlich
Schon gestern mit dem letzten Reste
Von Schnee davon: besucht ihr mich
Nun wieder, liebe Giebelgäste?

Wenn bald wir nun, bei Froschgesang,
An unsrer Hüttentür die Bank
Zum Plauderstündchen niederklappen,

Und dürstend dann nach unserm Blut,
Uns Mücken quälen: seid so gut,
Sie ohn' Erbarmen wegzuschnappen.

Friedrich Wilhelm Schmidt
von Werneuchen

Seerosen

Tiefensee ist nicht Istanbul

Er war Kulturpolitiker, Buchautor, Reform- und Museumspädagoge und aktiv im Widerstand gegen Hitler – Adolf Reichwein, geboren 1898 in Bad Ems, hingerichtet am 20. Oktober 1944 in Berlin-Plötzensee.

*Reichwein studierte nach dem Ersten Weltkrieg in Frankfurt am Main und Marburg Geschichte und Philosophie. Er engagierte sich in den 20er-Jahren in der thüringischen Volkshochschul- und Arbeiterbildung, war ab 1930 als Professor am Aufbau der Pädagogischen Hochschule Halle (Saale) beteiligt. 1933 stellten die Nazis den Sozialdemokraten vor die Wahl, nach Istanbul an eine Emigranten-Hochschule zu gehen oder in Tiefensee an der Dorfschule zu lehren. Reichwein entschied sich für Tiefensee und verwirklichte dort im Schatten des Nationalsozialismus seine reformpädagogischen Ideen. Dem praxisbezogenen Lernen maß er für die damalige Zeit große Bedeutung bei, förderte Gruppenarbeit und integrierte neue Medien wie Film und Schulfunk in den Unterricht. 1939 wechselte er an das Berliner Museum für Deutsche Volkskunde nach Berlin. In dieser Zeit nahm er an konspirativen Treffen des Kreisauer Kreises teil (**↗ Groß Behnitz in Bd. Das Havelland**). Das gescheiterte Attentat auf Hitler führte zu seiner Verhaftung. Reichwein wurde vom Volksgerichtshof zum Tode verurteilt und hingerichtet. Heute sind überall in Deutschland Schulen nach ihm benannt.*

Wanderung vom Bahnhof Tiefensee nach Falkenberg: ca. 20 km (Karte S. 20)

Der Bahnhof Tiefensee liegt südwestlich des Dorfes. Zunächst geht es parallel zur Bundesstraße in den Ort hinein. Dort biegen wir rechts ab, folgen der Beschilderung zum Campingplatz. Der Weg führt uns ins Tal des Gamengrundes. Ein kleiner Wegweiser lenkt uns zum Mittelsee. Die Talseiten steigen steil an. Westlich oberhalb des Sees geht es weiter zum Langen See. Wenig später erreichen wir Leuenburg. Hier kann man sich noch einmal stärken, dann bleiben wir bis Cöthen mit der Natur allein. Die Wegführung lässt

Mittelsee im Gamengrund

uns mal rechts, mal links Seen, Verlandungszonen und Feuchtbiotope umwandern. Es geht – größtenteils von Wald begleitet – durch herrliche Natur. Nur selten begegnet einem ein Wanderer. Am nördlichen Ende des Gamengrundes kommen wir zum *Gamensee.* Eine Badestelle kann hier zu einer willkommenen Abkühlung genutzt werden. Wir laufen östlich des Sees entlang und kommen an der Nordspitze zu einem Waldwanderweg, der uns rechts geradewegs nach Cöthen führt. Dort bringt uns die Straße durch ein Bachtal vom Barnim hinab zum Oderbruch. Wir passieren zunächst das Wasserrad des ehemaligen Gutes Cöthen, dann einen kleinen künstlich angelegten Wasserfall. Wenig später erreichen wir Falkenberg und seinen Bahnhof.

Rothalstaucher

Eine der schönsten Dorfanlagen ist in **Freudenberg** zu sehen, einige Kilometer nordwestlich von Tiefensee. Häuser und Kirche gruppieren sich um zwei große *Dorfteiche*. Im Gasthaus am Weiher isst man nicht nur gut, man sitzt auch wunderschön auf der Terrasse mit Blick auf eine der beiden Wasserflächen.

An den Dorfteichen in Freudenberg

Zwischen Tiefensee und dem südöstlich gelegenen Prötzel breitet sich der *Blumenthaler Forst* aus, auch einfach „der Blumenthal" genannt. Das Relief schwankt zwischen 80 und 151 Metern üNN. Dichter Wald breitet sich aus, nur unterbrochen von einigen offenen Schonungen, eiszeitlichen Seen und Siedlungsrodungen in Blumenthal, Biesow und Stadtstelle. Die hindurchführende Straße Tiefensee-Prötzel zählt zu den schönsten Überland-Straßen Brandenburgs. Abseits davon locken unzählige Waldwege zum Wandern. Im Blumenthal soll ein Oberförster als Geist umherziehen. Man sagt, er habe zu Lebzeiten arme Leute misshandelt, die ihm beim Holzdiebstahl in die Finger geraten seien. Daher sei er verflucht und finde keine Ruhe.

Prötzel besitzt ein barockes *Herrenhaus*, leider wartet es noch auf Erweckung, verwahrlost stattdessen immer mehr. Dabei ist das Haus aus dem 18. Jh. kulturhistorisch womöglich von großer Bedeutung, denn man nimmt an, dass der Entwurf von Andreas Schlüter stammt. Schlüter, einer der Hauptarchitekten des nordeuropäischen Barocks, machte sich in Preußen mit dem Umbau des Berliner Stadtschlosses einen Namen.

Sophienstädt
Finow
Großer Samithsee
Schwärze
NSG Nonnen... Schwärz...
Neudorf
Prenden
Naturpark
11
Vorwerk
2
Melchow
AS 13 Lanke
Bogensee
BIESENTHAL
Grüntaler Heide
Lanke
Ützdorf
Ober-see
Hellsee
Hellmühle
Liepnitzsee
NSG Biesenthaler Becken
Grüntal
Dewinsee-Siedlung
Sydow
Wullwinkel
Danewitz
273
AS 14 Wandlitz
Schulzen-aue
Gemeinde Sydower Fließ
Lobetal
Märkische Eiszeitstraße
Priesterpfuhl-siedlung
Rüdnitz
Probstheide
Schulzenaue Siedlung
Probst-heide
Kuhle Kaveln
Tempelfelde
Grenze Naturpark
Waldfrieden
Ladeburg
Albertshof
AS 15 Bernau Nord
Rollberg
Wilmersdorfer Heide
Kirsch-garten
BERNAU
Schönfeld
Schmetzdorf
Schönow
Mittelalterliche Stadtbefestigung
Barnim
Thaerfelde
Friedensthal
Nibelungen
Börnicke
Willmersdorf
Eichwerder
Lindow
AS 16 Bernau-Süd
Weesow
Zepernick
Röntgental
Stienitz
Birkenhöhe
Elisenau
Kolonie Gehrenberge
Kolonie Alpenberge
Neubauern-siedlung
Birkholz-aue
Löhme
Schwanebeck West
Schwanebeck
Birkholz
Haussee
WERNEUCHEN
Neu Buch
AS 36 Berlin-Weißensee
AD 1/17 Schwanebeck
Berliner Ring
Neu Schwanebeck
Gutsiedlung
Blumberg
158
Seefeld
Bernauer Schleife
10
Schlosspark-siedlung
Langes Elsenfließ
Lindenberg
Neu Lindenberg
AS 2 Berlin Hohenschönhausen
Wegen...

Barnim
Barnimer Heide
Hochfläche
Gamengrund
Blumenthaler Forst
Tornow
Hohenfinow
Cöthen
Falkenberg/Mark
Broichsdorf
Wendtshof
Papiermühle
Freienwalder Landgraben
167
Tobbenberg
19
Alt Kiez
Dannenberg/
Mark
158
Krähenberg
146
Platzfelde
Torgelow
Wollenberg
Rädikow
Wollenberger
Heide
Steinbeck
Harnekoper
Heide
Sternebecker
Heide
Harnekop
Sternebeck
Prötzel
Biesow
Leuenberg
127
Blumenthal
Gamensee
Krummenpfahl
Neugersdorf
Gersdorf
Kruge/Gersdorf
Kruge
Wölsickendorf
Trampe
Ackermannshof
Gemeinde
Breydin
Grenze Naturpark
Karlshof
Klobbicke
Nonnenfließ
Heckelberg
Brunow
Waldsiedlung
Beiersdorfer
Heide
Freudenberg
Beiersdorf
Leuenberg
Langer
See
Mittel-
see
Tiefensee
140
Kuhberg
158
Werftpfuhl
Hirschfelde
Eichenbrandt
Gielsdorf
Wilkendorf
Wesendahl
Gartenstadt
Information
Kirche
Museum
Schloss/Herrenhaus
Wanderweg S. 18
Rad-/Wanderroute S. 15
0
4 km
N

Naturpark Barnim
Naturparkverwaltung
Kirchstraße 11
16348 Wandlitz
Fon (03 33 97) 697 10
Fax (03 33 97) 697 13
www.naturpark-barnim.de
www.np-barnim.de

Naturwacht-Stützpunkt Melchow
Eberswalder Straße 6
16230 Melchow
Fon (0172) 3 84 38 87

NATURPARK BARNIM

Zwei Länder – ein Park

Der Barnim ist eine Grenzregion in vielerlei Hinsicht. Der Naturpark Barnim wird dadurch zum Novum: Er ist das erste länderübergreifende Großschutzgebiet von Brandenburg und Berlin. Im Städtedreieck Bernau, Eberswalde und Oranienburg liegt der Brandenburger Teil des rund 750 Quadratkilometer großen Naturparks. Etwa fünf Prozent der Fläche befinden sich in den nördlichen Berliner Stadtbezirken Pankow und Reinickendorf; deutlich ist hier die Stadtkante am Horizont zu erkennen.

Scheidende Wasser

Der Barnim bezeichnet eine eiszeitlich entstandene Hochfläche, die zusammen mit Teilen des Eberswalder Ustromtals im Norden und der Havelniederung im Nordwesten den heutigen Naturpark bildet. Die letzte Eiszeit – die Weichselvereisung vor über 10.000 Jahren – vollzog hier jedoch lediglich den Feinschliff. Ein relativ „müder" Gletscher folgte mit geringer eigener Gestaltungskraft den Hinterlassenschaften der vorherigen Saale-Eiszeit, die die Hochfläche des Barnim schuf. So ist der Gletscherrand heute nur an wenigen Stellen durch hoch aufragende Endmoränen nachgezeichnet. Der hier verlaufende, zuweilen mehr als 80 Meter ansteigende Höhenzug zwischen Wandlitz, Ladeburg, Rüdnitz und Trampe bildet die Wasserscheide zwischen Oder und Havel.

Im Briesetal

Wasser prägt das Gesicht des Naturparks. Auffallend sind überall in der Feldflur verstreuten Ackerhohlformen – Sölle genannt – und die vielen kleinen und größeren Seen. Einzeln oder wie an einer Perlenkette aufgereiht finden sie sich entlang der Fließe in lang gestreckten ehemaligen Schmelzwasserrinnen. Die Kette Wandlitzsee, Rahmer- und Lubowsee führt in das lauschige Tal der Briese, die bei Birkenwerder in einem breiten Erlenbruch in die Havel mündet. Ein naturnaher, stark mäandrierender Abschnitt dieses Flusses im Nordwesten, die so genannte Schnelle Havel, ist dort von weiten Feuchtwiesen und Mooren gesäumt. Über das Pregnitzfließ führt die Prendener Seenkette;

In der Schönower Heide

Liepnitz- und Hellsee entwässern über das Hellmühlenfließ und die Alte Finow. Andere Wasserläufe wie das Tegeler Fließ und die Panke fließen Berlin zu. Entlang dieser natürlichen Verbindungen liegen die Kleinode, die das Land Berlin in den Naturpark einbringt: das Tegeler Fließtal, der Bucher Forst, die Karower Teiche und die Blankenfelder Feldflur.

Bodenschätze

Die Endmoräne und die vorgelagerten Sander tragen heute die großen, fast unzerschnittenen Waldgebiete, die mehr als die Hälfte der Naturparkfläche ausmachen. Zwar dominiert die Kiefer. Aber an vielen Standorten trifft man auf die ursprünglich natürliche Vegetation: auf die für den Naturpark typischen Buchenwälder wie am Liepnitzsee oder in der Barnimer Heide, aber auch auf Eichenmischwälder im Kreuzbruch oder Erlenbruchwälder im Finow- und im Briesetal. Am Grund der Gletscher entstanden die Grundmoränenflächen, die im südöstlichen Teil des heutigen Naturparks lehmige, sehr fruchtbare Böden bilden. Überwiegend in diesem Bereich – auf insgesamt 40 Prozent der Naturparkfläche – wird Landwirtschaft betrieben. An einigen Stellen im heutigen Naturpark – so in der bis vor wenigen Jahren militärisch genutzte Schönower Heide und der Barnimer Heide bei Melchow – wurde nach dem Abschmelzen der Gletscher Sand zu Dünen aufgeweht. Ende der 80er-Jahre haben Geologen unter diesen Dünen eine bislang unbekannte, 11.000 Jahre alte Bodenschicht entdeckt und sie Finowboden getauft.

Bei Biesenthal

Unkenrufe und ...

Wappentier: Rotbauchunke

Die Rotbauchunke ist das Wappentier des Naturparks. Wegen ihrer leicht zu erkennenden Bauchmusterung wird ihre Bestandsentwicklung stellvertretend für verschiedene Frösche, Kröten und Unken in einem brandenburgweiten Amphibienschutzprogramm der Naturschutzstation Linum untersucht. Die wasserreiche Agrarlandschaft des Barnim, in der noch 40 Sölle pro hundert Hektar zu finden sind, ist idealer Lebensraum für die vom Aussterben bedrohte Unkenart wie auch für Kammmolch und Knoblauchkröte, Moor- und Wasserfrosch. An vielen naturnahen und unverbauten Fließgewässern des Barnim sind nicht nur Fischotter, Elbebiber und Wasserspitzmaus zu Hause. Wasseramsel, Eisvogel und Gebirgsstelze sind seltene Vertreter der Vogelwelt im Naturpark. Bedrohte Kleinfische wie Steinbeißer und Bitterling kommen hier ebenso vor wie der Edelkrebs. Die bei Feinschmeckern beliebte Kleine Maräne kann noch im Liepnitz- und Wandlitzsee gefischt werden. In die Altholzbestände einiger Seeufer ist die Schellente als Brutvogel zurückgekehrt und leistet Fisch- und Seeadler Gesellschaft. In den von den Gewässern gespeisten Mooren und zuweilen orchideenübersäten Feuchtwiesen brüten Kranich und Wachtelkönig, Weiß- und Schwarzstorch finden hier ihre Nahrung.

Eisvogel

... Glockengeläut

Abenteuer Barnim

Bis heute ist nicht abschließend geklärt, ob der Name Barnim vom slavischen Personennamen Barnimir, vom Pommernkönig Barnim I., der 1230 das Land Barnim abtreten musste, oder vom altpolnischen bara (Sumpf) abstammt. Auf jeden Fall ist der Barnim sehr altes und traditionelles Kulturland. Historisch gewachsene Siedlungsstrukturen – zu erkennen am alten Dorfkern von Wandlitz, am Angerdorf Schönfließ, in der Streusiedlung Kreuzbruch, am Straßendorf Schönwalde oder an der mittelalterlichen Stadtmauer von Bernau – sind Zeugen jüngerer Geschichte. Die vielerorts erhalten gebliebenen Feldsteinkirchen zählen ebenso zum kulturellen Erbe wie der sehenswerte Finowkanal im Norden des Naturparks, der jüngst sein 250-jähriges Jubiläum feierte.

Markt vor der Haustür

Quer durch den Naturpark verläuft die Grenze des so genannten Berliner Speckgürtels, die dem Gebiet hinsichtlich der Gewerbeansiedlung, der touristischen Struktur und der Bevölkerungsdichte ein Nord-Süd-Gefälle verleiht. Die Nähe zur Großstadt Berlin bietet Wettbewerbsvorteile für die Vermarktung regionaltypischer Produkte und eine beispiellose Chance für einen naturschonenden Fremdenverkehr. Mit dem „Melchhof" in Melchow und den Hoffnungsthaler Werkstätten in Lobetal arbeiten zwei Bio-Betriebe im Naturpark, die wie der Oberhavel-Bauernmarkt in Schmachtenhagen ihre regionalen Produkte erfolgreich direkt vermarkten. In den Berliner Forstämtern Buch und Lanke wird – historisch durch die Erholungsnutzung des Waldes bedingt – bereits seit langem nach den Richtlinien eines naturnahen Waldbaus gewirtschaftet.

Agrarmuseum Wandlitz, heimatgeschichtliche Sammlung

Der Naturpark Barnim ist der einzige in Brandenburg mit direktem S-Bahn-Anschluss. So sind die vielen Ausflugsziele gut und umweltfreundlich mit der Bahn erreichbar. Besonders beliebte Badeseen der Brandenburger und Berliner sind Liepnitz-, Wandlitz- und Lehnitzsee. Das Briesetal und die Heidekrautbahn, die Hussitenstadt Bernau und die Waldstadt Eberswalde, das Agrarmuseum in Wandlitz und die Märkische Eiszeitstraße sind in ein bereits gut ausgeschildertes Wanderwegenetz eingebettet. Erlebnisse der besonderen Art bieten zum Beispiel der Naturpark-Äquator und der Naturpark-Meridian. Organisierte Rad- und Fußwanderungen werden regelmäßig unter anderen von der Naturwacht, dem Naturschutzbund, dem Wandersportverband Berlin und dem ADFC angeboten.

Bahnhof in Wandlitzsee mit Heidekrautbahn

RUND UM WANDLITZ

Sommerfrische und Seenkette

Der Wandlitzsee und seine Nachbargewässer Liepnitz-, Stolzenhagener und Rahmersee ziehen heute mehr noch als früher erholungshungrige Berliner an – natürlich auch die Einheimischen, die von den Wassersportmöglichkeiten dieser kleinen Seenplatte profitieren wollen. Wie fast alle Seen im Norden Brandenburgs, so sind auch die Wandlitzer Gewässer glazialer Natur. Zumeist markieren sie Rinnen, in denen das weichseleiszeitliche Schmelzwasser dereinst in Richtung Urstromtal abfloss. Herrliche Wanderrouten erschließen die Region, darunter der besonders schöne Weg um den Liepnitzsee.

Wasser- und Wandervergnügungen machen nur einen Teil der Annehmlichkeiten der Region aus. Ein besonderer Anziehungspunkt ist das beeindruckende Agrarmuseum in Wandlitz mit einer Sammlung landwirtschaftlicher historischer Gerätschaften, die in Brandenburg ihresgleichen sucht. In Wandlitz ist auch der Sitz der Naturparkverwaltung des 1999 gegründeten Naturparks Barnim.

Fahrplan der Niederbarnimer Eisenbahn im Internet: www.neb.de

Mit der Bahn wird die Anreise auch für Automuffel zum Kinderspiel. Die Heidekrautbahn ab Berlin-Karow (dort S-Bahn-Anschluss) benötigt für die Fahrt nach Wandlitz/Wandlitzsee keine halbe Stunde. Weitere Bahnhöfe der Niederbarnimer Eisenbahn sind in Basdorf und Klosterfelde, Zühlsdorf und Wensickendorf.

Am Liepnitzee

Bahnhofsvorplatz (li.) und Kirche (re.) in Wandlitz

WANDLITZ

Was Wandlitz immer schon einen besonderen Reiz verleiht, ist die Lage direkt am gleichnamigen See. Man muss aber unterscheiden zwischen der Siedlung Wandlitzsee und dem Dorf Wandlitz. Erstere wird zwar zumeist als örtlicher Mittelpunkt gesehen, das eigentliche dörfliche Zentrum aber liegt weiter westlich in der Südbiegung des Sees. Dieses Dorf wurde schon im 13. Jh. urkundlich erwähnt, der Ortsteil Wandlitzsee entstand dagegen erst nach Fertigstellung der Heidekrautbahn. Damals – zu Beginn des 20. Jh.s – setzte eine rege Bodenspekulation ein. Rund um den See schossen Häuser wie Pilze aus dem Boden, neue Siedlungen entstanden in der Umgebung, darunter die 1907/08 erbaute Villenkolonie an den „Drei Heiligen Pfühlen". Die Einwohnerzahl Wandlitz' stieg binnen einem Vierteljahrhundert von 700 auf 1.600, bis zum Ausbruch des Zweiten Weltkriegs weiter auf fast 2.500.

Das Leben findet am Bahnhof Wandlitzsee statt und am Strandbad, das es hier so seit 1923 gibt. Im Sommer herrscht reger Trubel, die Menschen aus der Umgebung und aus Berlin treffen sich zum gemeinsamen Badespaß. Im Herbst, wenn die Temperatur des Sees sich wieder mehr auf die zehn denn auf die zwanzig Grad zu bewegt, kehrt Ruhe ein.

Selbst jene, die nicht mit der Bahn nach Wandlitz kommen, sollten sich den Vorplatz zwischen Bahnhof und Strandbad anschauen. Die denkmalgeschützte symmetrische Gesamtanlage an der 1901 in Betrieb genommenen Strecke der Niederbarnimer Eisenbahn mit Bahnhofsgebäude, Pergolen und Häusern beiderseits der Bundesstraße wurde in den 20ern und 30ern errichtet. Architekt des Bahnhofsgebäudes war der Berlin-Charlottenburger Baurat Wilhelm Wagner, der auch den Entwurf zum Neuenhagener Rathaus lieferte (↗ Bd. Die Märkische Schweiz etc.).

Tourismusverein
Naturpark Barnim e. V.
Prenzlauer Chaussee 157
16348 Wandlitz
Fon (03 33 97) 661 31
Fax -661 68
E-Mail: tv-naturparkbarnim@ ibs-brandenburg.de
www.amt-wandlitz.de
www.niederbarnim.com

Strandbad Wandlitz
Öffnungszeiten:
Mai u. Sept.
täglich 9.00–19.00 Uhr
Juni bis August
täglich 9.00–20.00 Uhr

Agrarmuseum Wandlitz
Breitscheidstraße 22
16348 Wandlitz
Fon (03 33 97) 215 58 u. 608 88
E-Mail: papendieck@agrarmuseum-wandlitz.de
www.agrarmuseum-wandlitz.de
Öffnungszeiten:
Di–Fr 9.00–16.30 Uhr
April bis Okt. zusätzlich
Sa, So u. feiert. 10.00–17.00 Uhr

Kommen wir in das eigentliche, als Rundling angelegte, Dorf Wandlitz. In Nachbarschaft zum historischen Ortskern mit dem Anger und seiner spätmittelalterlichen *Kirche* lockt eine der größten musealen Attraktionen im Barnim: das *Agrarmuseum Wandlitz*. Die Sammlung ist eine der bedeutendsten ihrer Art in Deutschland. In mehreren Gebäuden auf etwa 2.000 Quadratmetern Fläche zeigen viele gut erhaltene Traktoren, Dresch- und sonstige Landmaschinen, Kutschen und Pflüge aus vergangenen Zeiten die Entwicklung auf vom Mühsal bäuerlicher Haus- und Landarbeit im 18. Jh. bis zur modernen Landwirtschaft von heute. Die Ausstellung erklärt anschaulich, wozu die Geräte dienten, wie mit ihnen gearbeitet wurde. So wird historische Feldarbeit nachgezeichnet und Begriffe wie Scheffel, Windfege oder Kleegeige werden mit Leben gefüllt. Informationstafeln geben Gelegenheit, sich ganz individuell mit der Ausstellung zu beschäftigen, besser aber ist, an einer etwa anderthalbstündigen Führung teilzunehmen. Anlässlich des traditionellen Wandlitzer Museumsfestes alljährlich im Mai kann man einige Exponate sogar in Aktion erleben. Prunkstück der Ausstellung ist die etwa hundert Jahre alte Dampf-Pflug-Lokomotive im Freien (Lokomobile). Das schwarze Monstrum benötigte zum Pflügen eines Hektars zweihundert Kilo Kohle und pro Tag bis zu 10.000 Liter Wasser.
Gegenüber dem landwirtschaftlichen Ausstellungsbereich lohnt noch ein Blick in das angeschlossene *Heimatmuseum* mit allerlei historischen Möbeln und Alltagsgegenständen sowie Informationen zur Wandlitzer Geschichte. In den Sommermonaten sind das Agrarmuseum und seine historischen Landmaschinen immer wieder ungewöhnliche Kulisse für Konzertveranstaltungen.

Da der Wandlitzer See wegen der vielen bebauten Ufergrundstücke nur an wenigen Stellen frei zugänglich ist, kann er nicht direkt umwandert werden. Ganz anders sieht dies weiter im Osten beim waldumsäumten *Liepnitzsee* aus (↗ S. 29). Eine Besonderheit an diesem landschaftlich so reizvoll gelegenen See ist die *Personenfähre*. Etwa vierzig Passagiere passen auf die Motorfähre, die seit den 1970er-Jahren ihren Dienst versieht. Sie verbindet in den Sommermonaten Süd- und Nordufer des Liepnitzsees mit dem Großen Werder. Das 1.300 Meter lange und 380 Meter breite Eiland teilt den See in zwei schmale Arme. Auf dem Großen Werder lädt die Insulanerklause in einen Biergarten. An der Westspitze der Insel gibt es eine Badestelle.
Badefreuden eröffnen sich den Besuchern auch an den Gewässern weiter westlich vom Wandlitzer See. Mehrere Strandbäder und Bootsverleihe locken Sonnenhungrige an den *Rahmer* und den *Stolzenhagener See*.

Rahmer See

Wanderung um den Liepnitzsee: ca. 8 km (Karte S. 31)

Der Liepnitzsee zählt zu den anmutigsten Seen im Barnim. Er ist etwa hundert Hektar groß und bis zu 27 Meter tief. Eine Wanderung rund um den See ist überaus reizvoll. Am südlichen Ufer führt der Weg durch dicht belaubten Buchenwald. Beeindruckend auch der Weg am Nordufer, wo die Eiszeit steile Hänge hinterlassen hat. Man kann die Wanderung am Bahnhof Wandlitzsee beginnen – über Ruhlsdorfer Straße, An der Bogenheide, An den Pfühlen, immer dem blauen Punkt folgend – oder am östlichen See-Ende in Ützdorf (Beschilderung).

Liepnitzsee-Fähre
Fon Fähre/Insulanerklause
0162-912 57 71
Fahrtzeiten: Ostern bis 15. Okt.:
Sa, So u. feiert. 8.00–20.00 Uhr
Mo–Fr 9.00–19.00 Uhr
Juni bis Aug.: auch zwischendurch nach Bedarf, Abfahrt mindestens zur vollen Stunde ab Insel über Süd- zum Nordufer

Blicken wir zum Schluss dieses Kapitels noch auf zwei Museen. In **Basdorf** südlich von Wandlitz, auf dem Gelände des ehemaligen Bahnbetriebswerks der Niederbarnimer Eisenbahn, stellen die Berliner Eisenbahnfreunde eine umfangreiche Sammlung von Schienenfahrzeugen aus. Das so genannte *Heidekrautbahn-Museum* zeigt Lokomotiven und Waggons, aber auch anderweitige historische Gegenstände – von A wie Achslager über K wie Kleingärtnerfahrkarte bis Z wie Zuglaufschild. Lokomotivschuppen, Werkstatt und Wagenhalle können besichtigt werden, sie werden noch immer bestimmungsgemäß genutzt. Das Gelände ist nicht ganz leicht zu finden. Man muss, von der Bundesstraße kommend, die Schienen überqueren und sich dann links halten. Der Verein organisiert auf der Strecke zwischen Berlin-Wilhelmsruh und Basdorf auch Sonderfahrten mit historischen Fahrzeugen.

Heidekrautbahn-Museum
An der Wildbahn 2a
16352 Basdorf
Fon (03 33 97) 726 56
Fax -608 28
Sa 12.00–18.00 Uhr
Mi nach Voranmeldung

Nördlich von Wandlitz liegt **Klosterfelde**. Das dortige *Internationale Artistenmuseum* hält mit einer Ausstellung die vielfältige Artistengeschichte und das Lebenswerk berühmter Clowns und Artisten am Leben. Zu sehen sind Dokumente, Fotos, Plakate, Kostüme, Requisiten und vieles mehr. Künstler wie zum Beispiel die Clowns Grock und Oleg Poppow, der Hochseilakrobat Camilio Mayer oder die Wandlitzer Jongleuse Ruth Ellerk-Müller finden hier ihre Würdigung. Zweimal im Jahr werden Sonderausstellungen organisiert. Auf Grundlage einer Privatsammlung besitzt das Museum ein Archiv, das unter anderem von Artisten genutzt wird, um sich neue Tricks anzueignen. Die Veranstaltungen des Museums sind inzwischen zu traditionellen Höhepunkten im Klosterfelder Dorfleben geworden. Der „Internationale Tag der Artisten“ ist mittlerweile über den Barnim hinaus bekannt und zieht Besucher von Nah und Fern an.

www.klosterfelde-online.de

Internationales Artistenmuseum
Liebenwalder Straße 2
16348 Klosterfelde
Fon u. Fax (03 33 96) 272
u. Fon (030) 447 77 44
www.artistenmuseum.de
Öffnungszeiten:
Mo–So 14.00–18.00 Uhr
und nach Vereinbarung

Wie die Kleine Maräne in den Wandlitzer See kam

Die Kleine Maräne – auch Zwergmaräne, Zollfisch oder Marenke genannt – ist im Wesentlichen in Norwegen, Schweden, Finnland, Nordwest-Russland und im Ostseegebiet zu Hause. Vereinzelte Lebensräume findet man auch in England und Irland sowie wegen Fischbesatz in Gewässern Frankreichs und Bayerns. Der maximal 45 cm große Fisch ist schmackhaft und – gebeizt, gedünstet oder gebraten – durchaus eine kulinarische Erfahrung wert.

Im Wandlitzer See ist die Kleine Maräne ebenfalls heimisch und die Sage weiß auch zu berichten, warum das so ist. Am See soll es in alter Zeit einmal ein Kloster gegeben haben. Sich des guten Geschmacks der Maräne bewusst, und vielleicht des asketischen Lebens auch ein wenig überdrüssig, ging ein Mönch dieses Klosters einen Pakt mit dem Teufel ein. Dieser solle dafür sorgen, dass er ihm ein Maränen-Gericht beschere, er wolle dem Teufel auch seine Seele vermachen. Der Teufel willigte ein und versprach, einige Tage später zu mitternächtlicher Stunde ein paar Fische zu bringen. Den Mönch aber beschlich nach und nach ein ungutes Gefühl. Von schlechtem Gewissen geplagt, ersann er eine List. Die Turmuhr der Klosterkirche sollte ihm helfen. Er drehte das Uhrwerk um zehn Minuten vor, sodass der Teufel beim frühen Glockenklang annehmen musste, er sei zu spät gekommen. Aus Wut ließ der Höllenmann seine Fracht in den See fallen. Seither lebt die Kleine Maräne im Wandlitzer See. Eine andere Überlieferung gibt an, dass nicht ein Mönch sich dem Teufel versprochen haben soll, sondern ein Edelmann. Die Wandlitzer haben dieser Geschichte ihren Brunnen am Strandbad gewidmet.

109
„Heidekrautbahn"
Kreuzbruch
Schwemmgraben
Märkische Eiszeitstraße
Lottsche
Vorderster Graben
Lottsche-see
Rehmate
Marienwalde
Neudorf
Grenze Naturpark
stillgelegt
Klosterfelde
Mennigraben
Zehlendorf
Stolzenhagen
Wandlitz
Bogensee
Bogensee
Stolzen-hagener See
Arendsee
Rahmersee
Wandlitzer See
Drei heilige Pfühle
Wensicken-dorf
Agrarmuseum
Liepnitzsee
Rahmer See
Großer Werder
273
Lubow-see
Emilienhof
Waldsiedlung Hinterheide
273
Zühlsdorf
Basdorf
„Heidekrautbahn"
109
Summter See
Mühlenbecker See
Gorinsee
Information
Museum
Naturschutz-Information
Rundwanderweg S. 29
Kirche
0
3 km
N

DER FINOWKANAL

**Schleusenzeiten Finowkanal:
Schleusen Ruhlsdorf bis Liepe
Mai bis Aug. Fr–So u. feiertags
9.00–17.00 Uhr, Unterbrechung
von 12.00–12.30 Uhr
Werktags nach Anmeldung mindestens 24 Stunden vorher beim
Wasser- und Schifffahrtsamt
Eberswalde/Außenstelle Finowfurt
Fon (033 35) 451 60
Von Sept. bis April keine Schleusung**

Zwischen Liebenwalde (↗ in Bd. Ruppiner Land S. 108) und dem Oderbruch zieht er sich wildromantisch in geschwungenem Lauf durch das Eberswalder Urstromtal. In mehreren Etappen wurde das Bett des aus dem Biesenthaler Becken kommenden Flüsschens Finow kanalisiert und die Geschichte dieser künstlichen Wasserstraße erweist sich als überaus abwechslungsreich.

Es begann Mitte des 16. Jh.s mit ersten Plänen für eine schiffbare Verbindung zwischen Oder und Havel, doch erst 1605-20 ließ Kurfürst Joachim-Friedrich auf einer Länge von 39,4 km einen Kanal einschließlich elf Schleusen ausheben. Kurz nach Fertigstellung verfiel die wasserbauliche Meisterleistung als Folge des 30-jährigen Krieges. Zeitweilig floss damals sogar Havelwasser ungehindert bis zur Oder.

Es sollte über hundertzwanzig weitere Jahre dauern, bis das Projekt endgültig realisiert werden konnte. Erst Friedrich dem Großen gelang der Ausbau einer leistungsfähigen und dauerhaften Wasserstraße zwischen den zwei großen Flusssystemen Elbe und Oder. In der ersten Ausbaustufe 1743–46 mussten zehn Schleusen angelegt werden, bis 1753 kamen weitere sieben hinzu. Wirft man einen Blick in alte Aufzeichnungen, so ist die wirtschaftliche Bedeutung des Kanals für die Region wie auch für Preußen unübersehbar. Das Verkehrsaufkommen belief sich im Jahre 1749 auf 1.047 Kähne und 297 Fischdröbel. Um die Wende zum 19. Jh. waren bereits 4.000 Kähne, 1.700 Schuten, 1.000 Fischdröbel und 12.000 Stämme Floßholz auf dem Finowkanal unterwegs. Eine deutliche Bedeutungssteigerung erfuhr die Wasserstraße nochmals nach Ausbau und Modernisierung der Schleusen. In den 1840er-Jahren erhöhte sich die Zahl der Kähne dadurch auf über 13.000. An den Ufern entwickelte sich eine florierende Eisen- und Metallindustrie.

Historische Postkarte

Etwa 150 Jahre war der Finowkanal der wichtigste Kanal in Deutschland. Erst mit der Fertigstellung des Großschifffahrtsweges Berlin-Stettin 1914, dem späteren Hohenzollernkanal und heutigen Oder-Havel-Kanal, verlor der Finowkanal seine Bedeutung. Jetzt mussten zwischen Berlin und der Oder nicht mehr fast zwanzig Schleusen überwunden werden, sondern nur noch drei. Seither kann der Fi-

nowkanal auch nicht mehr durchgängig befahren werden, sein zehn Kilometer langer westlicher Abschnitt zwischen Zerpenschleuse und Liebenwalde – „Langer Trödel“ genannt – wurde durch den Bau des Oder-Havel-Kanals und das Zuschütten der Zerpendorfer Schleuse abgetrennt.

Was heute noch offiziell den Namen Finowkanal trägt ist der 32 km lange Teil zwischen dem Abzweig vom Oder-Havel-Kanal bei Zerpenschleuse und Liepe bei Oderberg. Zwölf Schleusen zwischen Ruhlsdorf im Westen und Liepe, nicht weit vom Schiffshebewerk Niederfinow, machen das Befahren der geschichtsträchtigen Wasserstraße zum beschaulichen Erlebnis. Im Schnitt bringen es die Schleusen auf das stattliche Alter von 120 Jahren. Damit gesellt sich der Finowkanal zweifelsfrei unter die kulturhistorisch bedeutendsten Wasserwege Europas.

Noch in den 80er-Jahren des 20. Jh.s fristete der Finowkanal ein eher klägliches Dasein. Erst mit der deutschen Vereinigung wurde man sich des Potenzials bewusst, das da bei Eberswalde im Dornröschenschlaf verharrte. Ein 21-Millionen-Euro-Sanierungsprogramm wurde aufgelegt, mithilfe dessen vor allem die Schleusen gerettet werden sollen. Diese sind für den Sportbootverkehr passierbar, in den kommenden Jahren wird es aber wegen fortgesetzter Sanierungsmaßnahmen immer wieder zu Schließungen kommen.

Interessant ist eine 3,5- bis vierstündige Fahrt mit dem Finowmaßkahn „Anneliese“, einem 40,27 Meter langen und 260 Tonnen schweren Original-Kahn von 1906 der Fahrgastschifffahrt Neumann. Das Gefährt wird bis zur Schleuse Ragöse per Stoßboot fortbewegt, dort wird gestakt und anschließend bis zur Schleuse Stecher mit einem Pferd getreidelt. Man bekommt einen guten Einblick in das mühevolle Geschäft der Binnenschifffahrt von einst. Für den Weg zurück nutzt man dann das 50-PS-Stoßboot „Ihna“ von 1936.

Fahrgastschifffahrt Neumann
Birkenweg 18
16225 Eberswalde
Fon u. Fax (033 34) 244 05
0172-302 65 35
www.finowkanalschifffahrt.de
Abfahrt Mai bis Okt. ab Oberhafen/Schleuse Eberswalde in der Regel täglich 9.00 u. 14.00 Uhr, möglichst mit Anmeldung

Werbellinsee-Reederei Schlößin
Bergstraße 19
16244 Altenhof
Fon (03 33 63) 42 17, Fax -42 56
E-Mail: schiff@werbellinsee.de
www.werbellinsee.de

Treideln des Finowmaßkahns

In Richtung Westen geht es ab Finowfurt. Dort beginnen die Fahrten der Reederei Schlößin zum Werbellinsee.

Wer lieber an Land bleibt, dem bietet sich die Möglichkeit, den Kanal entlang auf dem alten Treidelweg zu wandern oder Rad zu fahren. Früher wurden von diesem Weg aus per Muskelkraft – von Mensch und Pferd – die Lastkähne gezogen. Heute gewähren Weiden am

Höckerschwan

Ufer dem Wanderer Schatten und Seerosen schmücken die stillen Wasserflächen. Sumpf und Grünland wechseln sich mit Wäldern und Erlenbrüchen ab. Im Kontrast dazu die Zeugnisse des Industriezeitalters. In Eberswalde säumen interessante Architekturen stillgelegter Fabriken das Ufer. Sorgte der Finowkanal in der Zeit des 18. bis 20. Jh.s durch die Ansiedlung von Industriebetrieben für Arbeitsplätze, erhofft man sich für das beginnende 21. Jh. neue Einnahmen durch den Tourismus. Die Chancen dafür stehen nicht schlecht, denn das Tal des Finowkanals gehört zu den geschichtlich spannendsten Gebieten im Land Brandenburg.

Radwanderung auf dem alten Treidelweg vom Bhf. Ruhlsdorf-Zerpenschleuse nach Niederfinow: ca. 32,5 km

(Karte S. 34)

Vom Bahnhof Berlin-Karow nach Ruhlsdorf-Zerpenschleuse benötigt die zweistündlich verkehrende Heidekrautbahn nur 42 Minuten, die Regionalbahn von Niederfinow nach Berlin-Lichtenberg eine Stunde.

Vom Bahnhof führt die Route zunächst bis zur Ruhlsdorfer Schleuse parallel zur Straße nach Marienwerder. An der Schleuse bleiben wir am südlichen Ufer, wohingegen die Straße den Finowkanal nach Norden verlässt. Über Leesenbrückschleuse und Marienwerder, dort ein kurzes Stück auf der nördlichen Seite,

geht es am südlichen Ufer zur Grafenbrückschleuse. Dort wird auf die nördliche Kanalseite gewechselt. Wir verlassen den Finowkanal und kommen zum Oder-Havel-Kanal, der uns auf zwei Kilometern links begleitet. Wir folgen der Beschilderung bis Finowfurt, wo in der Dorfmitte der Finowkanal erneut auf uns wartet. Wieder eine Schleuse: Schöpfurth. Gut tausend Meter vor der Heegermühler Schleuse tauchen wir bei Finow in das Stadtgebiet von Eberswalde ein. Dennoch ergeben sich immer wieder idyllische grüne Zonen, auf denen das Auge ausruhen kann. Über Wolfswinkler Schleuse erreichen wir das ehemalige Landesgartenschaugelände an der Drahthammerschleuse. Alte Industriearchitektur wie ein Walzwerk und eine historische Hufeisenfabrik wurden in das Gelände integriert. Von der Aussichtsebene des Montage-Ebers (Kran) bietet sich in 28 Metern Höhe ein großartiger Ausblick. Weiter geht es an der Kupferhammerschleuse vorbei zur Eberswalder Stadtschleuse. Südlich davon befindet sich die Eberswalder Altstadt. Über Ragöser Schleuse und den Forellenhof erreichen wir die Försterei Kahlenberg, abseits des Finowkanals. An der Stecherschleuse eine letzte Rast, wenig später erreichen wir Niederfinow.

Die Route ist zumeist gut ausgeschildert. Eine Karte mit detaillierter Wegbeschreibung kann bei der Tourist-Info in Eberswalde erworben werden.

Alte Schleusentechnik

RECHTS UND LINKS VOM FINOWKANAL

Industrielandschaft zwischen Vergangenheit und Aufbruch

Zwischen Havel und Oder schlängelt er sich durchs Land – im Norden die waldreiche Schorfheide, im Süden der Barnim: der historische Finowkanal, wichtige Landmarke und einstiges Rückgrat für die Wirtschaft im Eberswalder Urstromtal, das als natürliche eiszeitliche Schmelzwasser-Rinne in Ost-West-Richtung verläuft. Heute, nach langjähriger Bedeutungslosigkeit, spielt der Kanal im Verbund der märkischen Gewässer wieder eine wichtige Rolle, jetzt die eines malerischen Freizeitreviers für Paddler, Freizeitskipper und Ausflugstouristen. Das romantische Flair dieser alten Wasserstraße mit dicht bewachsenen Ufern, Schleusen und altindustriellen Baudenkmälern spricht für sich.

Beiderseits des Kanals gibt es vieles zu entdecken. Allein Eberswalde lohnt einen Besuch. Viel ist in den letzten Jahren in die Verschönerung des Stadtbildes investiert worden und so zeigt sich Eberswalde seinen Gästen heute mit frischem Antlitz. Die erfolgreiche Landesgartenschau von 2002 hat der Region neue Impulse verliehen, zusammen mit den Gärten und den Wäldern der Umgebung ist sie zum Markenzeichen der Stadt geworden. Nicht zu vergessen der Zoo – einer der schönsten Deutschlands – und der Forstbotanische Garten als traditionsreiche Botanik-Schau einheimischer wie fremder Gehölze, Wildpflanzen, Blumen und Kräuter.

Eberswalde ist Knotenpunkt mehrere Bahnlinien. Weiter westlich bei Ruhlsdorf/Zerpenschleuse entlässt die Heidekrautbahn Reisende, die zum Finowkanal wollen.

Stadtschleuse Eberswalde mit Finowmaßkahn

Am Markt in Eberswalde

EBERSWALDE

Waldstadt zwischen Barnim und Schorfheide

Die Stadt im nach ihr benannten Urstromtal liegt landschaftlich reizvoll zwischen dem Biosphärenreservat Schorfheide-Chorin im Norden und dem Naturpark Barnim im Süden. Ihr zweiter Namensbestandteil „-walde" bringt es auf den Punkt, denn trotz einer reichen Industriegeschichte ist Eberswalde vor allem *eines* immer gewesen: eine Stadt umringt von einem grünen Saum aus Wäldern. An den Talseiten ziehen sich Mietshäuser und Villen die Hänge hinauf. Am südlichen Ufer des Finowkanals markiert die Altstadt – trotz kriegsbedingter Verluste – den mittelalterlichen historischen Kern. In Richtung Finow ragen steinerne Zeugnisse der Industriegeschichte auf. Bauten, die einst den Ruf der Stadt prägten, das märkische Wuppertal zu sein.

Eberswaldes niedergeschriebene Geschichte beginnt im Jahre 1276 mit der Ersterwähnung als „Everwolde". In den Jahren 1375–1877 war der Name „Neustadt" oder „Neustadt-Eberswalde" gebräuchlich. Aus der kleinen Marktsiedlung im Schutze einer markgräflichen Burg wurde eine Stadt mit heute 43.500 Einwohnern. Dank Wasserkraft, großen Holzvorkommen und Handelsstraßen entwickelte sich Eberswalde schon früh zu einem gewerblich-industriellen Standort. Bereits 1440 arbeitete hier ein Eisenhammer, Mitte des 16. Jh.s produzierten mehrere Mühlen und zwei Kupferhämmer am Flüsschen Schwärze, 1690 kam eine Eisenhütte hinzu. Mit Eberswalde ging es steil bergauf. Der Ausbau des Finowkanals unter Friedrich dem Großen beschleunigte diese Entwicklung noch. Im 18. Jh. siedelten sich Messer- und Scherenschmieden an, es entstand eine Stahl- und Eisenfabrik. Der Anschluss an das preußische Bahnnetz – die Strecke Berlin-Stettin – war bereits 1842 hergestellt. Das 19. Jh. brachte zusätzliche Metall verarbeitende Unternehmen an den Kanal.

Tourist-Information Eberswalde/
Museum in der Adler-Apotheke
Steinstraße 3
16225 Eberswalde
Fon (033 34) 645 20
Fax -645 21
E-mail: tourist-info-eberswalde@ibs-brandenburg.de
www.eberswalde.de

Veranstaltungen in Eberswalde:
Mai Finowkanalfest
Spätsommer Zoofest
Sept. Altstadtfest

Fahrgastschifffahrt Neumann
Birkenweg 18, 16225 Eberswalde
Fon u. Fax (033 34) 244 05
0172-302 65 35
www.finowkanalschifffahrt.de
Abfahrt Mai bis Okt. ab Oberhafen/Schleuse Eberswalde in der Regel täglich 9.00 u. 14.00 Uhr, möglichst mit Anmeldung

Löwen-Apotheke

Wie an einer Perlenkette ziehen sich die Industriebauten aus mehreren Jahrhunderten durch das Tal. Als Zeugnis einer vergangenen Epoche schreiben sie die Geschichte von Aufstieg und Fall einer Stadt, die den Wandel innerhalb der Industriegesellschaft nicht ohne Brüche verkraften konnte. 1945 fielen große Teile der Altstadt bei einem Luftangriff in Schutt und Asche – der Wiederaufbau dauert bis heute an. Mit der politischen Wende 1989 brach die Industrie im Finowtal zusammen – noch immer leidet die Region darunter. Eberswalde ist dies kaum anzusehen, die Stadtsanierung hat in den letzten Jahren geradezu Unglaubliches geleistet. Die alten Villen einstiger Fabrikbesitzer strahlen in frischen Farben, sanierte Gründerzeit-Bürgerhäuser und Arbeiter-Miethäuser schmücken die Straßenränder.

Beginnen wir mit der Betrachtung Eberswaldes in der Stadtmitte. Früher war die historische Altstadt von einer mittelalterlichen *Wehrmauer* umgeben, einige Mauerreste an Goethe- und Nagelstraße bezeugen dies noch.

Foto S. 39 o. St. Maria-Magdalena, Blick durch das Mittelschiff

Mittelpunkt Eberswaldes ist der *Markt*. Das Karree verlor 1945 im Westen seine begrenzende Häuserzeile; die Pavillonplatz genannte Freifläche wurde bis heute nicht wieder bebaut. Drei historische Gebäude schließen den Markt nach Osten ab. Links das 1775 ursprünglich für einen Tuchfabrikanten errichtete Gebäude mit dem Eberswalder Wappen über dem Portal ist das so genannte *Alte Rathaus*. Es wurde 1825 von der Stadt erworben. Rechts daneben das *Neue Rathaus*, 1903–05 im gründerzeitlichen Neorenaissance-Stil gebaut. Schließlich rechts außen die *Löwen-Apotheke*, ein Haus von 1703. Darin – so erfährt der Besucher – bezog der russische Zar Paul I. (1754–1801) einst bei einer Deutschlandreise Quartier. Unter einem Schatten spendenden Baum gegenüber der Apotheke: der gusseiserne *Löwenbrunnen*, 1836 hier aufgestellt. Angefertigt wurde er in der Königlichen Eisengießerei Berlin nach einem Modell von Christian Daniel Rauch, Erschaffer des Reiterstandbildes Friedrichs des Großen in Berlin/Unter den Linden (1777–1857, ↗ auch Hakenberg in Bd. Havelland).

St. Maria-Magdalena

Südlich vom Markt steht *St. Maria-Magdalena*, im Kern ein Sakralbau aus dem 13. Jh. Die dreischiffige gotische Basilika beherrscht eindeutig das Stadtbild. Sie erfuhr über die Jahrhunderte etliche Umbauten, ihr heutiges

Antlitz resultiert aus umfangreichen Veränderungen in den 1870er-Jahren. Damals wurde der Turm neogotisch verändert, auch im Innern bediente man sich dieses Stils. Der beeindruckende, kunstvoll gearbeitete Renaissance-Altaraufsatz, eine protestantische Schnitzarbeit von 1606, wurde damals erfreulicherweise nicht angetastet, ebenso das bronzene romanische Taufbecken aus dem 13. Jh. Beides befindet sich – im Chorraum aufgestellt – in offensichtlichem Kontrast zur restlichen neogotischen Ausstattung mit Kanzel samt Schalldeckel, Gestühl, Emporen und der Orgel. Das Kirchenschiff bietet ein geschlossenes Gesamtbild von geradezu perfekter Harmonie. Stilistische Gegensätze zeigen sich bei den Wandmalereien, darunter besonders wertvoll das Christophorus-Fresco links oben im Emporenbogen aus dem 16. Jh. Außen an den drei Portalen im Westen, Süden und Norden begegnen einem mittelalterliche Terrakotta-Arbeiten an den Kapitellen mit biblischen Szenen, Fabelwesen und Jungfrauen-Abbildungen.

Rechts vom Westportal: die *Barbara-Glocke*. Das 1,8 Tonnen schwere Stück wurde 1518 gegossen und hing mehrere Jahrhunderte im Turm von Maria-Magdalenen. Ende der 1920er-Jahre musste sie wegen irreparabler Schäden abgenommen werden.

Ev. Gemeindebüro
Eisenbahnstraße 84
Fon (0 33 34) 20 59 59
Fax -20 59 58
Öffnungszeiten Maria-Magdalenen: April bis Okt. Di–Sa 9.00–12.00 u. 13.00–16.00, So 14.00–16.00 Uhr oder nach Vereinbarung,
Gottesdienst So 10.15 Uhr

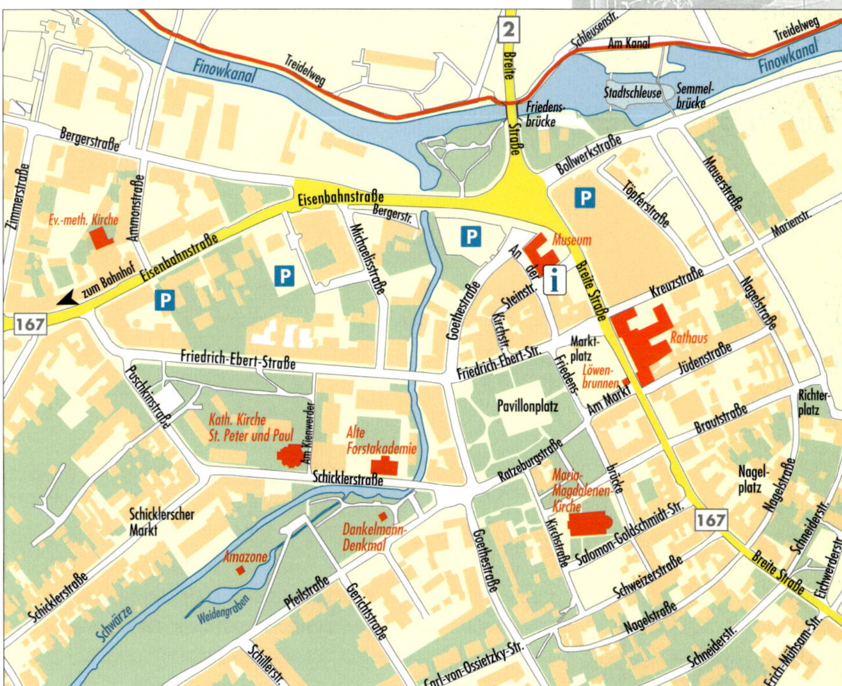

Museum in der Adler-Apotheke/
Tourist-Information Eberswalde
Steinstraße 3
Fon (033 34) 645 20
Fax -645 21
E-Mail: museum@eberswalde.de
Öffnungszeiten:
täglich 10.00–17.00 Uhr außer an Feiertagen

Auf keinen Fall versäumen sollte man einen Besuch des Eberswalder *Museums in der Adler-Apotheke.* Das Haus in der nördlichen Altstadt bietet schon von außen den geeigneten historischen Rahmen. In Fachwerkbauweise errichtet, ist die ehemalige Adler-Apotheke das älteste Wohnhaus Eberswaldes. Die Bauzeit datiert, abgesehen von einem kleinen Anbau aus dem 19. Jh., auf das Jahr 1663. Von der originalen Ausstattung der Apotheke konnte zwar leider nichts gerettet werden, viele dem Museum übergebene und nachträglich erworbene Ausstellungsstücke vermitteln im Erdgeschoss aber dennoch eine Ahnung vom früheren Apothekerleben. Hauptanliegen des Museums ist es, die kulturgeschichtliche Entwicklung Eberswaldes nachzuvollziehen. Drei ganz unterschiedliche Bestandteile des Museums sollen an dieser Stelle extra hervorgehoben werden. Auf die Bauzeit des Hauses zurück geht die Schwarze Küche. Ihr Rauchabzug – auch Esse genannt – reicht durch alle Geschosse und verströmt den Duft jahrhundertelanger Holzverbrennung.

Biedermeierzimmer

Eine interessante historische Randerscheinung war der Versuch, Eberswalde dank eisenhaltiger Quellen in den Jahren 1750–1898 als Badeort zu etablieren. Auch darüber gibt das Museum Auskunft. Und schließlich der berühmte Eberswalder Goldschatz, dessen Nachbildungen vollständig zu sehen sind (Geschichte zum Goldschatz ↗ S. 41). Man sollte also den Weg in die Steinstraße nicht scheuen, die Ausstellung zählt mit ihrer Vielzahl an Exponaten zu den wichtigsten regionalgeschichtlichen Sammlungen Brandenburgs.

Eberswalder Goldschatz

Neben der ständigen organisiert die Museumsleitung jedes Jahr auch vier bis sechs Sonderausstellungen zu verschiedenen Themenbereichen. Außerdem ist in der Adler-Apotheke die Eberswalder *Tourist-Information* untergebracht.

Kleine Galerie der Stadt Eberswalde
Michaelisstraße
Fon -23 94 25, -642 54
Öffnungszeiten:
Mo u. Fr 8.00–16.00 Uhr,
Di u. Do 8.00–19.00 Uhr,
Mi 8.00–13.00 Uhr

Das Hauptgebäude der Sparkasse Barnim ist Domizil der städtischen *Galerie*. Gezeigt werden dort regelmäßig Ausstellungen bildender Künstler aus Eberswalde, dem Barnim und der Region Brandenburg und Berlin.

Der Goldschatz von Eberswalde

Die Geschichte beginnt am 16. Mai 1913, als bei Ausschachtungsarbeiten für die Messingwerksiedlung in Finow (↗) ein sensationeller Goldschatz ans Tageslicht kommt. Er stellt alle bis dahin in Deutschland gemachten vorgeschichtlichen Funde in den Schatten. 81 goldene Teile aus der Bronzezeit, sicher verwahrt in einem Tonkrug, haben die Jahrtausende seit dem 9. Jh. v. Chr. unbeschadet überstanden. Der Besitzer des Messingwerkes, Aron Hirsch, übergibt Kaiser Wilhelm II. die kostbare Antiquität. Später gelangt der Schatz an das Berliner Museum für Vor- und Frühgeschichte. Dort wird er der Öffentlichkeit vorgestellt und bleibt bis 1941 das Glanzstück der Sammlung. In jenem Jahr erfolgt die Auslagerung in einen Flakturm am Berliner Zoo. Man hat Angst vor den Luftangriffen des Zweiten Weltkrieges, die den Eberswalder Fund vernichten könnten. Die Ringe und Schalen überstehen den Krieg. Doch diese freudige wie gesicherte Erkenntnis gewinnt man in Deutschland erst 1997, als deutlich wird, dass der Schatz 1945 als Kriegsbeute nach Russland abtransportiert wurde. Natürlich muss man froh sein, dass dieses einzigartige Zeugnis einer seit Jahrtausenden abgeschlossenen Kulturepoche erhalten ist. Genauso verständlich aber ist, dass man in Berlin wie in Eberswalde gerne die Rückkehr des zurzeit im Moskauer Puschkin-Museum verwahrten Schatzes nach Deutschland sähe. Vielleicht geschehen ja noch Zeichen und Wunder! Bis dahin begnügen wir uns mit der Nachbildung des wertvollen Fundes. Das Eberswalder Museum besitzt immerhin eine aus Kupfer getriebene und anschließend vergoldete Kopie, die eine Vorstellung davon vermittelt, was da 1945 den Weg in die russische Hauptstadt genommen hat.

Nur einen Steinwurf vom Museum entfernt: die Eberswalder *Stadtschleuse*. 1831 erbaut, ist sie die älteste noch in Betrieb befindliche Kanalschleuse Deutschlands. Ganz in der Nähe legt die Fahrgastschifffahrt Neumann mit ihrem Finowmaßkahn „Anneliese“ zu Fahrten auf dem Finowkanal ab (↗ Kap. Der Finowkanal).

Ein kulturhistorisch wertvoller Bau ist die *St.-Georgs-Kapelle*, zu finden einige hundert Meter nördlich vom Finowkanal an der Breiten Straße Richtung Angermünde. Kennzeichnend für das kleine Gotteshaus ist sein massives Mauerwerk. Die Ersterwähnung erfolgte 1359. Wie St. Georgen in Bernau (↗), war auch sie Teil eines vor der Stadt angelegten Hospitals. Seit 1973 werden hier Musik- und Liederabende oder Lesungen abgehalten.

An der Schwärze

Setzt man seinen Weg auf der Bundesstraße 2 Richtung Norden fort, kommt man nach etwa 1800 Metern zum Oder-Havel-Kanal. Zu Fuß am südlichen Ufer entlang benötigt man von hier aus etwa zwanzig Minuten bis zur *Kanalbrücke*. Sie ist eine technische Meisterleistung aus Stahl und Beton und führt den Kanal seit seiner Erbauung Anfang des 20. Jh.s über die Trasse der Eisenbahn.

Zurück zur Innenstadt. Über fünfhundert Jahre jünger als St. Georg ist die katholische *Kirche St. Peter und Paul*. Die katholische Gemeinde war in Eberswalde stets eine kleine Minderheit, dennoch mit mehreren hundert Zugewanderten aus Westfalen, der Rheinpfalz und dem Eichsfeld groß genug, dass man 1876/77 ein eigenes Gotteshaus erhielt.

Gegenüber erstreckt sich am rechten Ufer der schnell fließenden Schwärze mit dem *Park am Weidendamm* eine große zum Flanieren einladende Grünfläche, bereits 1871 als innerstädtische Promenade angelegt. Ein 1905 enthülltes *Denkmal* im nordöstlichen Zipfel erinnert an den königlich-preußischen Forstakademiedirektor *Bernhard Danckelmann* (1831–1901). Gleich gegenüber, jenseits der Schwärze steht die *Alte Forstakademie*, ein neoklassizistischer Bau von 1793 (1913 verändert), errichtet für David Schickler, Bankier und Eigentümer einer Messerschmiedefabrik. Nach ihm hat man auch die vorbeiführende Straße benannt. 1830 erwarb der preußische Staat das Haus für seine von Berlin nach Eberswalde verlegte Forstakademie. Links daneben die gründerzeitliche *Neue Forstakademie* von 1873–76, heute Sitz des Deutschen Entomologischen Instituts, eine in Deutschland einzigartige wissenschaftliche Einrichtung der Insektenforschung.

Alte Forstakademie

Kommen wir noch einmal zurück zum Park am Weidendamm. Ein weiteres Denkmal lenkt dort die Blicke auf sich, die *Amazone*. Geschaffen 1909 vom bayerischen Bildhauer Franz von Stuck ganz im Zeichen des Jugendstils. Das Bronzestandbild schmückte zur Nazi-Zeit den inzwischen zerstörten Jagdsitz Hermann Görings, Carinhall. Der heutige Standort im Park am Weidendamm ist eine wertvolle Bereicherung für die Stadt Eberswalde.

Standbild Amazone

Franz von Stuck (1863–1928)

Er war Maler, Grafiker, Bildhauer und Architekt und ein herausragender Vertreter des Jugendstils. Geboren im niederbayrischen Tettenweis, besaß Stuck schon als Kind großes Zeichentalent. Er begann seine künstlerische Ausbildung an der königlichen Kunstgewerbeschule zu München und studierte 1881–85 an der Münchner Akademie der Bildenden Künste, wo er ab 1895 als Professor lehrte. Zu seinen Schülern zählten Künstler wie Paul Klee und Wassily Kandinsky, die später weitaus berühmter werden sollten, als ihr Lehrer selbst.

Stuck, 1906 geadelt, galt als einer der einflussreichsten Maler der Jahrhundertwende. Viele seiner Bilder sind von mythologisch-theatralischem Ausdruck, verlieren sich in Sinnlichkeit und Erotik. Stucks Œuvre geht aber weit über die Malerei hinaus und umfasst sämtliche Bereiche der bildenden Künste. Ein Beispiel für seine Kreativität ist eine von ihm selbst entworfene Villa in München. Möbel, Skulpturen, Gemälde und Mosaike darin entstammen ebenfalls seinem Ideenreichtum – ein Gesamtkunstwerk, das Franz von Stuck als genialen Künstler seiner Zeit ausweist. Die Münchner Villa ist heute ein Jugendstilmuseum. Etliche seiner Kunstwerke sind zudem weltweit in renommierten Museen zu bewundern.

Wer sich einen Überblick über Eberswalde verschaffen möchte, begibt sich zum *Drachenkopf*. Man gelangt dorthin, indem man einige hundert Meter der Goethestraße nach Süden folgt. Auf der 1934 angelegten, mit Rosenbeeten verzierten *Goethetreppe* erreicht man schließlich den *Aussichtspunkt*. Bei einem Gang durch die Erich-Mühsam- und die Schillerstraße zeigt sich Eberswalde mit etlichen schönen Gründerzeit-Villen von seiner Jugendstil-Seite.

Gründerzeit-Villen

Carus Sterne – Vorkämpfer für ein modernes Weltbild

Geboren wurde er 1839 im neumärkischen Zielenzig als Ernst Krause. Carus Sterne war sein Pseudonym, unter dem er unzählige Artikel und Bücher veröffentlichte, die im Gegensatz zum konservativ geprägten Weltbild seiner Zeit standen.

Schon in der Schule verfolgte er komplizierte naturwissenschaftliche Zusammenhänge. Er wurde zunächst Apotheker, aber es zog ihn nach seiner Militärzeit in Küstrin nach Berlin an die Universität. Nach Vorlesungen über Physik, Botanik und Chemie legte er 1863 sein Staatsexamen ab.

Krause schrieb für Zeitungen und Zeitschriften, darunter die Leipziger „Illustrierte Zeitung“ und die „Vossische Zeitung“ in Berlin. An der Universität Rostock promovierte er mit „Die botanische Systematik in ihrem Verhältnis zur Morphologie“, eine Arbeit, in der er die Evolutionstheorie Darwins auf die Pflanzen übertrug. Nunmehr als Dr. phil. Ernst Krause gab er schließlich eine eigene Zeitschrift heraus, die die Lehre Darwins propagierte. Sein bedeutendstes Werk wurde das Buch „Werden und Vergehen“, in dem er die Evolutionsgeschichte leicht verständlich und für jedermann begreifbar formulierte. Natürlich liefen die Kirchen gegen Krause Sturm, schien doch ihr Weltbild in Gefahr, das sich seit Adam-und-Evas-Zeiten nur wenig verändert hatte.

Um die Jahrhundertwende zog er nach Eberswalde. Dort starb Carus Sterne alias Ernst Krause im August 1903. Sein Grab ist auf dem Eberswalder Waldfriedhof zu besichtigen.

Forstbotanischer Garten

Über Pfeil- und Brunnenstraße erreicht man den *Forstbotanische Garten* zwischen der Schwärze und dem Schwappachweg im Südwesten der Stadt. Das acht Hektar große Areal ist Bestandteil der Fachhochschule. Gegründet wurde der Garten bereits 1830 in Zusammenhang mit der Verlegung der Preußischen Forstakademie von Berlin hierher. Seit jener Zeit hat die Lehre der Forstwissenschaften in Eberswalde Tradition. An der Fachhochschule ganz in der Nähe kann man unter anderem Forstwirtschaft mit Angewandter Ökologie und Forstnutzung, Wildbiologie und Jagdbetriebs-

kunde, Landschaftsnutzung und Naturschutz, nachhaltigen Tourismus und Holztechnik studieren. Auch zwei internationale Studiengänge mit Schwerpunkt Ökosystem-Management sind inzwischen etabliert. Den Studenten dient der Forstbotanische Garten als praxisnahe Ausbildungsstätte vor Ort. Der Besucher dagegen wird sich hier bei einem Rundgang erholen und nebenbei neue Erkenntnisse sammeln.
In dem weiten Areal und verschiedenen Spezialgärten trifft man auf etwa 1.200 einheimische wie fremde Gehölz- und sechshundert Krautpflanzenarten. Hier wachsen uns eher weniger bekannte Bäume – Jeffrey-Kiefer, Zucker-Birke, Rumelische Kiefer oder der im Herbst nach Zuckerwatte duftende Japanische Kuchenbaum, um nur einige zu nennen. Im Versuchsgarten des Forstwissenschaftlers Alfred Dengler findet man die Ergebnisse der in den 1930er-Jahren durchgeführten Lärchen- und Kiefern-Kreuzungen; im Kräutergarten sind diverse Gift-, Arznei- und Gewürzpflanzen anzutreffen. Einmalig für Brandenburg das Alpinum, wo auf 1.500 m² unterschiedliche Pflanzengesellschaften der Alpen – Kalk- und Silikatalpen – gedeihen. Darin eine botanische Besonderheit, ein aus Bayern importiertes Hochmoor. Darüber hinaus entdeckt man beeindruckende Staudenbeete, etwa mit dem einzigartigen Mammutblatt; Africanum und Americanum locken in der warmen Jahreszeit mit Sommerblumen, ein Heckenquartier ist zu sehen und ein natürliches Quellmoor mit einem beachtlichen Bestand an bis zu mannshohem Riesen-Schachtelhalm.
Denkmäler erinnern daran, dass wir hier auch einen Kulturgarten vor Augen haben. Gewürdigt mit einem *Gedenkstein* wird der Forstwissenschaftler Friedrich Wilhelm Leopold Pfeil (1783–1859), der den Umzug der Forstanstalt nach Eberswalde und die Anlage eines forstlichen Lehrgartens initiierte. Julius Theodor Christian Ratzeburg (1801–71), einer der letzten Universalgelehrten an der forstlichen Hochschule und erster Direktor des Forstbotanischen Gartens, ist eine *Skulptur* aus den 1980er-Jahren gewidmet. Schließlich eine um das Jahr 1860 aufgestellte *Säule*, die an im 19. Jh. gefallene Eberswalder Studenten erinnert.

Der Name der Stadt könnte schon fast Programm für den *EBERsWALDer Zoo* sein, denn Bäume und Wildschweine gibt es in diesem Tierpark genug. Nicht weit vom Forstbotanischen Garten, eingebettet in die nördlichen Ausläufer der welligen Mischwald-Tal-Landschaft des Naturschutzgebietes Nonnenfließ-Schwärzetal, leben darüber hinaus etwa 1.400 Tiere aus fünf Kontinenten, nur die Fauna der Antarktis ist nicht vertreten. Der Eberswalder Zoo zählt mit seinen zwanzig Hektar zwar zu den kleinen in Deutschland, sein Konzept aber ist beispielhaft, nicht nur, was die reizvolle Einpassung von Gehegen und Wegen in die

Forstbotanischer Garten
Schwappachweg
Fon (033 34) 655 62
Öffnungszeiten:
täglich 9.00–18.00 Uhr
Nov. bis März nur bis 15.30 Uhr
Führungen nach Vereinbarung
www.fh-eberswalde.de/fbg

Zoo Eberswalde
Am Wasserfall
Fon (033 34) 227 33
Fax -234 65
www.zoo.eberswalde.de
Öffnungszeiten:
tägl. 9.00 Uhr bis zur Dämmerung

Landschaft anbelangt. Frei lebende Affengruppen mit Weißbüscheläffchen und Weißkopfmakis sorgen immer wieder für Aufregung bei den Besuchern. In der Braunbär-Wolf-Anlage leben beide großen Säuger-Arten einträchtig nebeneinander. Tier-„Multikulti" gibt's in der neuen Kamelanlage mit Yak und Esel, Trampeltier, Hängeohrziegen und Kaukasischem Stachelschwein. Das zwei Hektar große begehbare Damwild- und Präriehundgehege erlaubt Tierbeobachtung hautnah, ebenso wie das tropische Urwaldhaus mit seinen hundert Pflanzen- und vierzig Tierarten. Eine spannende Begegnung verspricht das Löwengehege. Im ebenerdigen Glasschaukasten kommt man den majestätischen Großkatzen ganz nah, nur die Scheiben verhindern persönliche Tuchfühlung. Am Parkteich beherrschen die rosa Flamingos in ihrer unnachahmlichen Eleganz die Kunst auf einem Bein zu stehen.

Kran „Montageeber" im ehemaligen Landesgartenschau-Gelände

Der Zoo bietet sich als Ausgangspunkt für Wanderungen durch das Naturschutzgebiet Nonnenfließ-Schwärzetal an, das weit in den Naturpark Barnim hineinreicht (↗ Kap. Bernau und die Barnim-Hochfläche S. 14 f.).

Das Eberswalder Park- und Gartenreich hat 2002 mit der *Landesgartenschau* nochmals gewichtigen Zuwachs bekommen. Auf einer altindustriellen Brache an der Drahthammerschleuse, etwa in der Mitte zwischen Eberswalde und Finow, entstand unter Einbeziehung historischer Industriearchitektur (Hufeisenfabrik, Walzwerk, etc.) ein moderner Freizeitpark, der sich mehrere hundert Meter am Ufer des Finowkanals entlangzieht. Markantes Wahrzeichen des aufwändig gestalteten Geländes ist der so genannte Montage-Eber, ein 65 Meter hoher Kran, der bis in eine Höhe von 28 Metern bestiegen werden kann und schöne Aussichten verspricht.

Die Mühle e. V./Kunstverein in der Zainhammer Mühle
Am Zainhammer 3
Ausstellungen von Mai bis Okt.
Kontakt: E. Behring
Fon (033 34) 38 23 28
www.diemuehle.de
Öffnungszeiten:
Sa, So 14.30–18.00 Uhr

Noch ein kultureller Hinweis für Eberswalde. Unweit des Zoos liegt die *Zainhammer Mühle*, eine ehemalige Getreidemühle. Ihr Vorgängerbau aus dem 18. Jh. diente für einige Jahrzehnte der Herstellung von so genannten Zainen. Diese dünnen Eisenstäbe waren zur damaligen Zeit Ausgangsmaterial für Münzen, Nägel und Werkzeuge. Heute nutzt ein Kunstverein die Mühle für künstlerisches Schaffen und wechselnde Ausstellungen.

Begeben wir uns den Finowkanal aufwärts, also nach Westen. Der Ortsteil **Finow** entstand 1928 durch Zusammenlegung der Gemeinden und Siedlungen Heegermühle, Messingwerk, Eisenspalterei und Wolfswinkel. Schon diese Namen lassen darauf schließen, dass Finow (ab 1935 Stadtrechte) Industriestandort war. 1970 erfolgte die kommunale Vermählung mit Eberswalde zur Doppelstadt Eberswalde-Finow. 1993 wurde das „-Finow" gestrichen, seither ist Eberswalde alleiniger Namensgeber.

In *Wolfswinkel*, nicht weit von der gleichnamigen Finowkanal-Schleuse, erinnern die Bauten einer alten Papierfabrik an die Zeit, als im Eberswalder Urstromtal tausende Arbeiter ihr Auskommen fanden. Die Industriearchitektur direkt am Wasser zeigt maroden Charme. In einem auf dem Gelände befindlichen alten Gebäude aus den 1870er-Jahren ist man bemüht, die Eberswalder Tradition der Papierherstellung fortzusetzen. Begründet wurde sie von Friedrich dem Großen, der in Spechthausen, einem Dorf nicht weit von Eberswalde, 1781 eine Papiermühle ins Leben rief. Büttenpapier-Herstellung ist ein aufwändiger Prozess mit mehr als dreißig Arbeitsgängen von Hand. Das *Museum* erklärt ganz praktisch, wie die Produktion im Einzelnen vonstatten geht, wie der Baumwoll-Zellstoff im Holländer gemahlen, aus der Bütte geschöpft, auf Wollfilz gegautscht und zuletzt getrocknet wird. Bleibt zu hoffen, dass sich – wie auf dem nahe gelegenen Gelände der Landesgartenschau an der Schleuse Drahthammer – jemand findet, der die anderen, bis 1994 in Betrieb befindlichen, Backstein-Gebäude erhält.

Wahrzeichen von Finow ist der fünfzig Meter hohe *Wasserturm*, errichtet 1917/18 für die Wasserversorgung der Messingwerksiedlung. Er gilt als eines der Hauptwerke des Architekten Paul Mebes (1872–1938) – neben dem Verwaltungsbau der Nordstern-Versicherung in Berlin-Schöneberg und der Schadowschule in Berlin-Zehlendorf. Am Finower Wasserturm hat sich Mebes bereits vom Jugendstil der Gründerzeit ab- und dem funktionalen Expressionismus zugewandt. Bis 1964 war der Turm in Betrieb.

Eine Besichtigung der *Messingwerksiedlung* in der Altenhofer und Erich-Steinfurth-Straße ist weniger spektakulär, denn architekturgeschichtlich von Interesse. Abgesehen von einigen Häusern aus dem 18. Jh., zeigt sich die Siedlung als städtebauliche Musteranlage der 1920er-Jahre. Paul Mebes, der auch hier mit der Planung beauftragt war, bezog einige bereits vorhandene Bauten aus dem 18. Jh. mit ein. Die Stadt Eberswalde, die Bedeutung der Messingwerksiedlung erkennend, hat schon in der ersten Hälfte der 1990er-Jahre mit der Sanierung der denkmalgeschützten Anlage begonnen.

Papiermanufaktur und -museum
Wolfswinkel-Spechthausen i. G.
Eberswalder Straße 27–29
16227 Eberswalde
Fon (033 34) 35 49 43
Nur Führungen, rechtzeitige
Anmeldung erforderlich

Wasserturm

Wenden wir uns weiter nach Westen zu den Orten Finowfurt, Marienwerder und Zerpenschleuse.

In **Finowfurt** lohnt ein Besuch der *Luftfahrthistorischen Sammlung*. Auf einem Teil des früheren Militärflugplatzes Finow werden Zeugnisse der zivilen und militärischen Luftfahrtgeschichte des 20. Jh.s gezeigt – darunter dreißig Flugzeuge, von der „Iljuschin 14“ und der „Tupolew 134“ über „Mi 8“-Hubschrauber und den „Hansajet“ bis zu den „Mig-Kampfbombern“. Ergänzt wird das Fluggerät mit diversen technischen Geräten und Waffen sowie Kraftfahrzeugen. Namen wie „Borgward“, „Sim“, 40er-Jahre-„BMW“ lassen die Herzen von Auto-Enthusiasten höher schlagen. Einzigartig auch ein Elektro-Trabi als Cabrioversion. Inzwischen kann man in einem so genannten Shelter auf dem Gelände auch übernachten. Darüber hinaus werden Rundflüge mit einem Doppeldecker angeboten.

Wer den Finowkanal zwischen Finowfurt und Zerpenschleuse kennen lernen möchte, dem bietet sich die Möglichkeit, an der Schöpfurther Schleuse mitten in Finowfurt das *Fahrgastschiff* der Reederei Schlößin zu besteigen. Von Mai bis August ist das Boot in unregelmäßigen Abständen zwischen hier und Altenhof unterwegs. Befahren werden der Finowkanal, der Oder-Havel-Kanal, der Werbellinkanal und schließlich der Werbellinsee. Dauer der Fahrt: sechs bis sechseinhalb Stunden. Das Fahrrad kann mitgenommen werden, eine nützliche Offerte, denn die Strecke wird pro Tag nur in einer Richtung befahren, sodass man von Altenhof die Rückreise in Eigenregie übernehmen muss. Alternativ dazu legt in Hubertusmühle ein *Floß* zu ein- bis siebenstündigen Touren an. Befahren wird der Finowkanal in dem Abschnitt zwischen Heegermühler Schleuse/Finow und der Mündung des Finowkanals in den Oder-Havel-Kanal am „kultourbahnhof“ Ruhlsdorf-Zerpenschleuse. 66 Passagiere finden auf dem Floß Platz. Vorherige Anmeldung ist ratsam, auch sollte man sich erkundigen, ob das Fahrrad mitgenommen werden kann.

Luftfahrthistorische Sammlung
Biesenthaler Straße
16244 Finowfurt
Fon (0 33 35) 72 33
Öffnungszeiten:
täglich 10.00–17.00 Uhr
Im April u. Aug. Museumsfeste
www.erlebnispark-luftfahrt-finowfurt.de
www.finowfurt.barnim.de

Veranstaltungen in Finowfurt:
Juli Flößerfest

MST-Touristikflößerei
Werbelliner Straße 54
16244 Finowfurt
Fon (033 35) 302 03 o.
0172-383 20 74, Fax -32 53 71
E-Mail:
info@mst-touristikfloesserei.de
www.mst-touristikfloesserei.de

Reederei Schlößin
Bergstraße 19, 16244 Altenhof
Fon (03 33 63) 42 17
Fax -42 56
E-Mail: schiff@werbellinsee.de
www.werbellinsee.de

Schnurgerade zieht sich die Straße, beiderseitig von Bäumen und ehemaligen Kolonistenhäusern flankiert, vom Finowkanal zum Kirchplatz. **Marienwerder** zeigt auch heute noch klar seine planmäßige Anlage. Die Gründung des Dorfes 1754/55 geht auf Friedrich den Großen zurück. Der König ließ Mitte des 18. Jh.s in der Kurmark über hundert Spinnerdörfer errichten – die preußische Armee benötigte Wolle für ihre Uniformen. Marienwerder ist eines davon. Ein *Büsten-Denkmal* an der Kirche erinnert an die Dorfgründung durch den großen Preußen. Im 19. Jh. wandelte sich Marienwerder vom Spinner- zum Schifferdorf. Sehenswert ist die neogotische *Kirche* von 1854/55 im Kreuzungspunkt der historischen Straßenachsen – errichtet exakt ein Jahrhundert nach Dorfgründung. Kurze Ausflüge bringen einen zu den drei *Finowkanal-Schleusen* Leesenbrück-, Grafenbrück- und Ruhlsdorfer Schleuse.

Der Haltepunkt der Heidekrautbahn Ruhlsdorf-Zerpenschleuse ist nicht nur Bahnhof, sondern auch Kulturtreffpunkt. Unter dem Namen *„kultourbahnhof"* lädt der farbenfrohe Kaiserzeit-Bahnhof zu Musikveranstaltungen, Brotbacken, Gastronomie und touristischen Informationen ein. Der Bahnhof ist auch ein idealer Startpunkt für eine Radtour auf dem ehemaligen Treidelweg bis nach Niederfinow (↗ Kap. Der Finowkanal S. 34 f.)

Kommen wir nach **Zerpenschleuse**. Auf einer Länge von drei Kilometern reiht sich am Südufer der hier besonders malerischen Wasserstraße ein Haus ans andere. Mit dem Bau des Oder-Havel-Kanals bis 1914 und dem Zuschütten der „Zerpenschleusen" 1924/25 wurde dieser Teil des Finowkanals vom östlichen Stück abgetrennt. Man nennt ihn hier zwischen Zerpenschleuse und der Havelniederung bei Liebenwalde auch anders: *Langer Trödel*. Trödel steht für Treideln, das Ziehen der Boote vom Ufer aus.

Im Ursprung bestand das Dorf aus drei Orten, die mit der Zeit zusammengewachsen sind. Die im rechten Winkel auf den Finowkanal zulaufende Straße ist in den 1760er-Jahren unter dem Namen Kolonie Berg wie Marienwerder als Spinnerkolonie gegründet worden. Historische Mitte Zerpenschleuses ist aber der ehemalige Ortsteil Glashütte am äußersten westlichen Ende mit seiner 1848 geweihten *Kirche* im Fachwerkstil.

Friedrich-Denkmal in Marienwerder

www.gemeinde-marienwerder.de
www.marienwerder.de

kultourbahnhof
Bahnhofstraße 8
16348 Ruhlsdorf
Fon (03 33 95) 704 99
Fax -706 99
E-Mail: info@kultourbahnhof.de
www.kultourbahnhof.de

www.zerpenschleuse.de

Kirche (o.) und Langer Trödel (u.) in Zerpenschleuse

BIOSPHÄRENRESERVAT SCHORFHEIDE-CHORIN

Biosphärenreservatsverwaltung
Schorfheide-Chorin
Hoher Steinweg 5–6
16278 Angermünde
Fon (033 31) 36 54-0
Fax -36 54 10
E-Mail: br-schorfheide-chorin@
lags.brandenburg.de
www.schorfheide-chorin.de
www.naturwacht.de

Das Biosphärenreservat Schorfheide-Chorin bedeckt eine Fläche von 1.300 km². Etwa die Hälfte davon wird von Wäldern eingenommen. Von der landwirtschaftlich genutzten Fläche unterliegt etwa ein Fünftel ökologischer Bewirtschaftung. Gewässer machen 5,9 Prozent aus, das entspricht 76 km². Die Schorfheide im Westen ist das Kernland des Großschutzgebiets, das sich über die gesamte mittlere Uckermark bis zum Oberückersee ausbreitet, an die Tore von Angermünde stößt und im Südosten das Niederoderbruch bei Falkenberg und die Neuenhagener Insel mit einschließt. Nur wenige Menschen leben hier, von Bevölkerungs-„Dichte" zu sprechen – bei gerade einmal 28 Einwohnern pro Quadratkilometer – erscheint abwegig. Dünner besiedelte Regionen sind in Deutschland an einer Hand abzuzählen.

Naturräumlich geprägt wurde das Gebiet während der letzten Eiszeit. Quer hindurch, von Südost nach Nordwest, verlief eine Eisrandlage – das so genannte Pommersche Stadium – die sich von Polen kommend über den Südrand der Neuenhagener Insel bei Bad Freienwalde, Chorin und Joachimsthal bis in den Templiner Raum und Mecklenburg nachweisen lässt. Die Seen nordöstlich dieser Linie, z. B. Grimnitzsee und Parsteiner See, bestanden zu dieser Zeit noch nicht, hier türmten sich damals Eismassen. Der Werbellinsee samt seines Toteises aber lag vor den Gletschern und führte in seiner Rinne die Schmelzwasser zum Thorn-Eberswalder-Urstromtal ab. Damit wären die drei größten Gewässer im Reservat genannt.

Eingebettet in die wellige Landschaft des Schutzgebiets finden sich insgesamt 230 Seen und etwa dreitausend Kleingewässer, Letztere zumeist natürliche Weiher, aber auch vom Menschen angelegte Fischteiche. Herausragende ökologische Bedeutung besitzen die etwa zweitausend Moore – viele davon ehemalige kleine eiszeitliche Toteislöcher, auch Sölle genannt. Von der Vegetation der Moore ging immer schon eine besondere Faszination aus und sie wird dem mystischen Ruf ihres Lebensraums gerecht. Nehmen wir den Sumpfporst, ein stark duftender Strauch, dessen Geruch ihm die

An der Glambecker Mühle

Namen Wilder Rosmarin oder Mottenkraut eingebracht hat ... oder die sehr seltene Trunkelbeere, eine der Blaubeere zum Verwechseln ähnliche Frucht, die beim Menschen Schwindel verursacht, man erkennt sie am weißlichen Fruchtfleisch ... der Sonnentau, fleischverzehrender kleiner König der Moorpflanzen, dessen klebrige Tropfen im Sonnenlicht schimmern ... und natürlich das Wollgras – ein typischer Vertreter der vielfältigen Moorflora.

Sonnentau

Im Gegensatz zu den Nässe liebenden Pflanzen findet sich im trockeneren Osten eine gänzlich andere Flora. In Odernähe trifft man etwa auf das prächtig blühende Waldvöglein, die Elsbeere, eine Ebereschenart, aus deren rötlich-braunen Früchten in südlicheren Gegenden Europas Edelschnäpse gebrannt werden, und den zart lila blühenden Backenklee. Trockenrasenhänge beherbergen das Adonisröschen und die anmutige Küchenschelle – beides Frühjahrsblüher ...

Am Aussichtsturm in Althüttendorf

Um diese einzigartige Ansammlung verschiedenster Biotope und die damit verbundene artenreiche Flora und Fauna zu bewahren, wurde das gesamte Biosphärenreservat unter Landschaftsschutz gestellt. Ein Fünftel ist als Naturschutzgebiet ausgewiesen, etwa drei Prozent des Großschutzgebiets hat man zur Kernzone erklärt, in der sich die Natur ohne menschlichen Einfluss frei entfalten kann. Hier ist auch Wanderern das Betreten nicht erlaubt.

Wer sich über das Biosphärenreservat genauer informieren möchte, dem stehen verschiedene Institutionen offen, darunter das Schorfheide-Museum und der Wildpark Schorfheide, beides in Groß Schönebeck, im Ökodorf Brodowin das Haus Pehlitzwerder mit einer Ausstellung, in Bad Freienwalde das Haus der Naturpflege. Lehrpfade, zahlreiche übers Land verstreute Informationstafeln und Waldschulen mit Gruppenangeboten für Kinder und Jugendliche ergänzen das Angebot, und nicht zuletzt die Erlebniswelt der Blumberger Mühle, dem Haupt-Informationszentrum des Biosphärenreservates bei Angermünde. Die Naturwacht bietet übers Jahr verteilt geführte Fuß- und Radwanderungen an. Die Termine können bei der Verwaltung des Biosphä- renreservates oder im Internet unter www.schorfheide-chorin.de abgefragt werden (↗auch in Bd. Uckermark: Biosphärenreservat Schorfheide-Chorin S. 36/37, Blumberger Mühle S. 50).

NABU-Erlebniszentrum
Blumberger Mühle 2
16278 Angermünde
Fon (033 31) 260 40, Fax 26 04 50
E-Mail:
Blumberger.Muehle@NABU.de
www.blumberger-muehle.de
Öffnungszeiten:
April bis Okt.
So–Fr 9.00–18.00 Uhr
Sa 9.00–20.00 Uhr
Nov. bis März
Di–Fr 10.00–16.00 Uhr
Sa u. So 10.00–17.00 Uhr

GROSSE SEEN – ENDLOSE WÄLDER

Schorfheide, Werbellinsee und Grimnitzsee

Weite Wälder, idyllisch eingebettete Seen, kaum Besiedelung, dafür umso größerer Tierreichtum … die Schorfheide übt seit vielen Jahrhunderten eine schon legendär zu nennende Faszination aus. Das in großer Zahl vorhandene Waidwild machten sich stets die politischen Führer zu Nutze, angefangen bei den brandenburgischen Kurfürsten, fortgesetzt über Könige und Kaiser, bis hin zu Nazi-Größen und DDR-Politikern. Einige von ihnen bauten sich Jagdresidenzen, die inzwischen genauso der Vergangenheit angehören, wie sie selbst.

Heute sind es Erholungsuchende, die sich auf den Weg hierher machen, zum Wandern und zur Tierbeobachtung, zum Segeln und Baden, zum Fischessen am Ufer des Werbellinsees oder einfach nur zum Seelebaumelnlassen in einer abwechslungsreichen Landschaft voller natürlicher Reize. Im Sommer lockt das satte Grün der Blaubeersträucher. Man bückt sich, der Boden duftet feuchtwarm und modrig, die blauen Früchte sind reif, schmecken nach Kindheit … während der Brunftzeit im Herbst schallt das Röhren der Hirsche durch die Wälder … ein nächtliches Bad im Werbellin- oder Grimnitzsee, über einem die Milchstraße mit unzähligen Sternen … jeder kann hier seine eigenen Wunder erleben.

Die wichtigsten Orte der Region sind Joachimsthal und Groß Schönebeck. Beide verfügen über Bahnhöfe und sind gute Ausgangspunkte für Wander- und Radwandertouren.

In der Schorfheide

Rothirsche

DIE SCHORFHEIDE

Wald, Wald, Wald... Die Schorfheide ist die grüne Lunge der Mark. Sie erstreckt sich auf einem Areal, das von den Städten Joachimsthal, Groß Schönebeck, Zehdenick und Templin eingefasst wird. Die Schorfheide nimmt etwa vierhundert der 1.300 Quadratkilometer des Biosphärenreservates Schorfheide-Chorin ein. Früher bezeichnete man lediglich das Waldgebiet nordwestlich vom Werbellinsee als Schorfheide, erst Mitte des 19. Jh.s ging der Name auf das oben umrissene Gebiet über. Vom Namensbestandteil „-heide“ sollte man sich nicht verwirren lassen. Heide war in früheren Zeiten gleichbedeutend mit Wald. Ob „Schorf-“ sinnverwandt ist mit Schorf/Rinde, Schürfen oder Schafen, ist nicht geklärt.

Die Schorfheide vereint sehr deutlich eiszeitliche Landschaftsformen wie Grundmoräne, Endmoräne und Sander in sich. Sie verleihen der Region ihren typisch welligen Charakter. Zur Zeit der Pommerschen Eisrandlage (↗ Kap. Biosphärenreservat Schorfheide-Chorin) entstand nordwestlich des Werbellinsees, südlich der Endmoräne vorgelagert der „Schorfheide-Sander“, eine weit in die Fläche gehende, von Schmelzwassern abgelagerte Sand- und Kiesschicht. Starke Winde sorgten dafür, dass die leichten Materialien ausgeweht und als bis zu dreißig Meter hohe Dünenformationen angehäuft wurden. Mit dem sich erwärmenden Klima bildete sich im Laufe der Zeit eine dauerhafte Vegetationsdecke aus, was dazu führte, dass die Dünen nicht mehr wanderten und ihren Standort beibehielten.

Durch Rodungen und weidendes Vieh veränderte die Schorfheide ständig ihr Gesicht. Wurden im Mittelalter zunächst vor allem Schweine in den Eichen- und Buchenforsten mit den Früchten der Bäume gemästet, weideten später auch Schafe, Kühe und

Kiefer

Eichen bei Hubertusstock

Pferde in dem lichten, mit nahrhaftem Bodengrün bedeckten Hutewald. Mastgelder waren im 16./17. Jh. die wichtigste Einnahmequelle der preußischen Forstverwaltung. Letztlich erkennend, dass die Wälder ganz erheblich durch sie geschädigt wurden, verbot man 1840 diese Form der Weidewirtschaft. Relikt jener Zeit sind mehr als zweitausend 400 bis 600 Jahre alte Eichen. Darüber hinaus ließ Holzeinschlag – etwa für die Glashütten der Region – den Urwäldern, die sich nach der letzten Eiszeit ausgebreitet hatten, kaum eine Chance. Seit Beginn des 19. Jh.s machten die Laub- und Mischwälder vielerorts der schnell wachsenden Kiefer Platz. Heute und für die Zukunft ist man bestrebt, die Eichen- und Buchenbestände wieder zu erweitern. Kiefern-Monokulturen sind bei ausbleibender Pflege durch den Menschen Brutstätten für Schadinsekten und Entstehungsorte von Krankheiten. Laub- und Mischwälder hingegen bleiben unter gleichen Bedingungen gesund. Dennoch bilden Nadelgehölzforsten noch immer den Hauptbestandteil der Schorfheide. Daneben kommen aber weitere Waldgesellschaften vor wie Erlenbruchwald und Buchenwald, auch so seltene Biotope wie Wollgras-Moorbirkengehölze, Pfeifengras-Moorbirken- oder Beerkraut-Kiefernwälder.

Die Jagd hat Tradition in der Schorfheide. Rot-, Reh- und Schwarzwild waren und sind weit verbreitet. Seit Hermann Göring – Hitlers Reichsmarschall und Reichsforst- und Reichsjägermeister – hier Mufflons aussetzen ließ, sind auch sie hier heimisch. Zudem graben Dachse ihre Höhlen im Schutzgebiet, gehen Marder auf die Jagd, durchstreifen Wölfe heute vereinzelt wieder das Land. Bären und Luchse dagegen verschwanden im 16. Jh.

Trotz großen Wildbestandes entbrannte zwischen Kurfürst Johann Georg und den benachbarten Adelsherrschaften im 16. Jh. ein Streit um die Jagdausübung. Dieser Zwist wurde durch einen 1591 vom Kurfürsten angelegten, etwa siebzig Kilometer langen Zaun aus Stäben und Flechtwerk beendet, der das Überwechseln des Wildes nach Norden verhindern sollte. Ab dem 30-jährigen Krieg erfolgte ein Wechsel von Verwüstung und Wiederaufbau des Zauns; um die Mitte des 19. Jh.s spielte ein neues Gatter nicht mehr die Rolle des Friedensstifters zwischen König und Adel, sondern die des Schutzes der angrenzenden Feldkulturen und dem Verhindern von Wildverbiss. In den 1930er-Jahren sorgte ein Stacheldrahtzaun, ab den 60ern ein Gitterzaun für genügend Wild zum Zwecke der Jagd. Heute schützen Einfriedungen allenfalls Jungbäume vor Verbiss. Und politische Prominenz trifft sich auch nicht mehr zum fröhlichen Halali. Gejagt wird in den Forsten der Schorfheide, die sich im Eigentum des Landes Brandenburg befinden, in erster Linie zur Regulierung des Wildbestandes – eine Maßnahme, die aus Mangel an natürlichen Feinden nötig ist.

Damwild

Mufflon

Groß Schönebeck, das Tor zur Schorfheide, ist nördlicher Endbahnhof der Heidekrautbahn. In der Dorfmitte lädt das Schorfheide-Museum ein und vor den Toren des Dorfes, im Nordosten lohnt ein Besuch des Wildparks. Die Touristinformation in der alten Schmiede gibt Tipps für Wander- und Radtouren in die Schorfheide.

Der wahrscheinlich zu Beginn des 14. Jh.s gegründete Ort ist seit jeher bevorzugtes Ziel jagdfreudiger Prominenz – von den Markgrafen bis zu den Politgrößen der Nachkriegszeit. Um das Jahr 1660 entstand auf Geheiß des Großen Kurfürsten Friedrich Wilhelm ein *Jagdschloss*. Der quadratische Putzbau mit seinem Pyramidendach war ursprünglich von einem Wassergraben umgeben. In der ersten Hälfte des 19. Jh.s erhielt das Haus neogotische Elemente, am deutlichsten zu erkennen an den zinnenumkränzten Türmchen. Den Fest- oder Wappensaal in der ersten Etage schmückt eine Stuckdecke aus dem 18. Jh. Auf die Erbauungszeit geht das Jagdgemälde zurück, ein Werk des niederländischen Stillleben-Spezialisten und Zeitgenossen Rembrandts Cornelis Brizé. Seit 1991 beherbergen das Groß Schönebecker Jagdschloss und die *Pfarrscheune* nebenan das *Schorfheide-Museum*. Die Ausstellung ist ein interessanter Aufriss der Geschichte dieser faszinierenden Landschaft im Nordosten Brandenburgs. Natürlich spielt das Jagd- und Forstwesen eine herausragende Rolle. Jagdtrophäen, Tierpräparate, Dokumente und Urkunden belegen die reiche und lebendige Vergangenheit der Schorfheide, ihrer Menschen und der mannigfaltigen Natur.

Skudden, Mangalitza Wollschweine, Elche, Wisente, Wölfe, Przewalski-Pferde, Englische Parkrinder, Wildschweine, Exmoor-Ponys, Fischotter ... ungefähr 200 Tiere, verteilt auf etwa zwanzig Arten, bevölkern die hundert Hektar des 1996 gegründeten *Wildparks Schorfheide*. Gehalten werden sowohl vom Aussterben bedrohte historische Haustierrassen als auch Arten, die in alter Zeit durch die Schorfheide streiften, heute hier aber nicht mehr anzutreffen sind. Der Fischotter lebt zwar noch in den Gewässern der Region, ist aber in freier Wildbahn nur sehr selten zu sehen. Hier in Groß Schönebeck kann man den guten Schwimmer beobachten.

Auf kilometerlangen Wegen geht es kreuz und quer an den Gehegen entlang. Bei Führungen (einige Tage vorher anmel-

Tourismusverein
Schorfheide-Chorin e.V.
Alte Schmiede, Rosenbecker Straße 1a
16348 Groß Schönebeck
Fon (03 33 93) 65 77-7, Fax -8

Schorfheide-Museum
Schlossstraße 6
Fon (03 33 93) 652 72, Fax -32
Öffnungszeiten:
Besuch nach tel. Anmeldung

Wildpark Schorfheide
Prenzlauer Straße 16
Fon (03 33 93) 658 55, Fax -57
E-Mail:
info@wildpark-schorfheide.de
www.wildpark-schorfheide.de
Öffnungszeiten:
täglich 10.00–17.00 Uhr, bis 19.00 Uhr ist der Aufenthalt im Park erlaubt – im Winter verkürzt

den) erfährt man Interessantes über Lebensweise und verbliebene Lebensräume. Erkenntnisreich die Ausführungen zu den verwandtschaftlichen Bindungen zwischen Wildtieren und den domestizierten Haustierrassen. Erfolgreich betätigt sich der Wildpark auch bei der Aufzucht von Jungtieren. Vor allem im Frühjahr erblickt der Nachwuchs das Licht der Welt. Wer Glück hat, der kommt hierher, wenn ein Elchkalb gerade seine Gehversuche macht oder Wildschweinfrischlinge lebhaft umhertollen. Ein Bauerngarten macht zudem mit Heilkräutern vertraut und Kinder können sich auf dem Abenteuerspielplatz austoben. Das ganze Jahr über finden verschiedene Veranstaltungen statt.

Bei Wanderungen oder Radtouren durch die Schorfheide entdeckt man rund um Groß Schönebeck einige Seen. Westlich des Dorfes findet man im Ortsteil **Böhmerheide** den *Treptowsee* und den *Weißen See* mit einer Badestelle.
Im Norden bei **Schluft** das Seenpaar des *Großen* und *Kleinen Glasowsees*. Der südlichere von beiden – ein typisches eiszeitliches Toteisloch – lässt sich gut zu Fuß umrunden.

Im Naturschutzgebiet Kleiner und Großer Pinnowsee

Östlich von Groß Schönebeck liegen im Naturschutzgebiet der *Große* und *Kleine Pinnowsee* sowie die *Meelaake*. Wenn man auf den Wegen bleibt, darf man sich in diesem ökologisch bedeutsamen Gebiet umschauen. Start ist an der Försterei Wildfang, dem ehemaligen Jagdsitz Erich Honneckers. Es gibt Kraniche und Wiedehopfe, auch der Biber betreibt hier Landschaftspflege. Die Pinnowseen liegen in einer eiszeitlichen Abflussrinne, die jedoch keinen natürlichen Abfluss mehr hat. Der den Großen Pinnowsee verlassende Graben ist künstlich angelegt. Er ist trocken gefallen, weil der Wasserstand des Sees gesunken ist. In den angrenzenden Waldzonen befindet sich eine von Buchenbeständen umgebene Insel eines naturnahen, mit Traubeneichen durchsetzten, Kiefernwaldes.
Die Meelaake ist das in Jahrtausenden entstandene Verlandungsmoor eines Teils des Großen Pinnowsees. Abgestorbene Baumstümpfe ragen gespenstisch hervor, werden begrenzt durch Erlenwälder und Grauweidenbüsche. Brutvögel wie Mäusebussard, Baumfalke, Waldschnepfe und Bekassine sind hier anzutreffen.

Interessant ist auch eine Wanderung durch das *Naturschutzgebiet Kienhorst*. Es umfasst einen rund 34 Hektar großen Ausschnitt des Dünengebietes der Schorfheide. Hier beeindrucken die riesigen, über zweihundert Jahre alten Kiefernbestände. In dem bereits 1961 unter Naturschutz gestellten Areal sind Reste eines natürlich entwickelten Beerkraut-Kiefern-Waldes erhalten. Die Bodenvegetation wird bestimmt von Heidel- und Preiselbeere, überall eingestreut dichte Moosteppiche.

DER WERBELLINSEE

Eines der bekanntesten und landschaftlich zweifellos reizvollsten Gewässer Brandenburgs ist der Werbellinsee, entstehungsgeschichtlich ein Schmelzwasser-Rinnensee aus der letzten Eiszeit. Er hat eine Fläche von fast 786 Hektar und erstreckt sich in der Länge auf zwölf Kilometer. An seiner breitesten Stelle misst er 1.250 Meter und mit etwa sechzig Metern Tiefe ist der Werbellin nach dem Stechlinsee bei Rheinsberg der zweittiefste See in der Mark. So weit die wichtigsten geografischen Daten. Der See bietet mit seinen waldbestandenen Ufern all jenen ein wundervolles Freizeitvergnügen, die irgendwie mit Wasser verbunden sind. Seine Größe erlaubt es, den verschiedensten Aktivitäten Raum zu geben. Sowohl Sportbootfahrer, Segler, Surfer und Paddler als auch Taucher, Angler und Schwimmer finden hier ideale Bedingungen. Am Ufer und den umgebenden Wäldern lässt es sich vorzüglich wandern. Auch derjenige, der einfach nur im Biergarten am Wasser sitzen möchte, wird nicht enttäuscht sein. Es gibt sieben Badestellen rund um den See und drei Campingplätze. Läufer starten alljährlich im Frühjahr beim Werbellinsee-Lauf zu 27 Kilometern in klarer Luft. Ungetrübt auch das Wasser mit mehreren Metern Sichttiefe. Taucher finden dreißig Meter unter dem Wasserspiegel sogar Reste von Schiffswracks aus dem 19. Jh. Anders als der Grimnitzsee, dessen Uferbereiche sehr flach sind, geht es im Werbellinsee zumeist recht steil nach unten. Was man kaum erwartet, unter Wasser finden sich sogar senkrecht abfallende Wände, die belegen, wie sehr die Gletscher und Schmelzwasser vor tausenden von Jahren erodierend in die Tiefe gewirkt haben. Der Seegrund liegt mehrere Meter unterhalb des Meeresspiegels!

Wie ein Gottesauge glänzet,
drüber dunkle Brauen glühn,
liegt, von Berg und Wald umkränzet,
märchenhaft der Werbellin
Friedrich Brunold

An den Ufern wächst nur teilweise Schilf, ein Resultat der touristischen Nutzung wie der natürlichen Uferausformung, dennoch kann man zahlreiche Wasservögel beobachten. In den vereinzelten Schilfstreifen bauen Haubentaucher, Höckerschwäne, Stockenten und Blessrallen ihre Nester. Das Wasser des Sees besitzt eine hohe Güte. Kleine Maräne, Barsch, Plötze, Hecht, Blei und Aal leben hier in großer Zahl.

Am Werbellinsee

Wer auf sein Auto verzichten möchte erreicht die Region um den Werbellinsee bequem von

Frühjahr bis Herbst mit dem alle zwei Stunden verkehrenden Werbellinsee-Bus 917. Dieser verbindet als Ringlinie die Orte Eberswalde, Altenhof, Joachimsthal, Eichhorst und Finowfurt miteinander und macht an den wichtigsten touristischen Plätzen Halt.

Unmittelbar am südöstlichen Ufer des Sees erstreckt sich die Gemeinde **Altenhof**. Bereits um die Wende zum 20. Jh. entwickelte sich dort ein reger Fremdenverkehr. Rasch entstanden Villen, Gaststätten, Erholungs- und Kurheime und in den Sommermonaten nahmen Ausflugsdampfer ihre Fahrten auf. In den 30er-Jahren pendelte sogar ein Reichsbahn-Omnibus zwischen dem Potsdamer Bahnhof in Berlin und Altenhof. Das herrlich gelegene Dorf blieb auch nach dem Zweiten Weltkrieg Sommerfrische und konnte in den letzten Jahren seine Stellung unter den wichtigsten märkischen Seebädern noch ausbauen. Man trifft sich auf der *Seepromenade*, genießt frischen oder Räucherfisch in der reetgedeckten Alten Fischerei, entspannt sich bei einer Dampferfahrt ...

Blick nach Altenhof

Zwei Reedereien legen in Altenhof zu Rundfahrten über den See und weitere Ausflüge ab. Die kürzeren Touren dauern eine Stunde oder zwei, die längeren Fahrten der Reederei Schlößin gehen über den gesamten Tag und bringen die Ausflügler bis nach Zehdenick, Finowfurt oder Oderberg.
Ein weites Terrain am Seeufer mit öffentlich zugänglichem Strand wird von einer Kinder- und Jugendbegegnungsstätte eingenommen.

Von Altenhof aus bieten sich zahlreiche Wandermöglichkeiten den See entlang oder in die waldreiche Umgebung. In der *Altenhofschen Eichheide*, dem Waldgebiet östlich des Werbellinsees, liegt das interessante Naturschutzgebiet *Wacholderjagen*. So nannte man früher jene Waldzonen, die durch Beweidung stark ausgelichtet wurden. Zwischen den vereinzelt stehen gebliebenen Eichen, Kiefern und Birken siedelte sich Wacholder an, der zu stattlichen Exemplaren heranwachsen konnte. Nachdem diese Form des Hutewaldes ausgestorben war, verdrängte neuer Wald die Wacholder, die deshalb nur noch vereinzelt anzutreffen sind. Durch Pflegemaßnahmen soll die einstige Wacholderkulturlandschaft in ihrer charakteristischen Art erhalten werden.

Fahrgastschifffahrt auf dem Werbellinsee:
Reederei Schlößin
Bergstraße 19, 16244 Altenhof
Fon (03 33 63) 42 17, Fax -42 56
E-Mail: schiff@werbellinsee.de
www.werbellinsee.de
www.werbellow.de

Reederei Wiedenhöft
Seerandstraße 23
16247 Joachimsthal
Fon (03 33 61) 474 u.
0171-542 68 67
www.werbellinsee.schorfheide.de

Wanderung von Altenhof nach Eichhorst: ca. 6 km

(Karte S. 66)

Ein schöner Wanderweg führt von Altenhof nach Westen, zumeist direkt am See entlang. Ausblicke auf den Werbellin und die gelegentlich steil abfallenden Hänge machen die Route zu einem besonderen Wandererlebnis. Etwa vierzig Meter über dem See liegende Hänge werden durch kleine Schluchten zerschnitten. Während im Uferbereich stellenweise Erlen das Landschaftsbild bestimmen, trifft man ansonsten zumeist auf Buchen und Traubeneichen. Der Weg führt am südlichen Ufer entlang zum Campingplatz „Süßer Winkel". Die dortige Badestelle ist flach und für Kinder gut geeignet. Einige hundert Meter weiter endet der See und geht in den Werbellin-Kanal über. Parallel geht es auf beiden Seiten des Kanals bis nach Eichhorst. Überquert man die Holzbrücke, kommt man am Askanierturm vorbei (↗S. 60). Wer den Weg nicht ganz zurückgehen will, nimmt ab Süßer Winkel den Ausflugsdampfer.

Am Campingplatz „Süßer Winkel"

Eichhorst ist ein recht junges Dorf, das im Gefolge einer im 18. Jh. gegründeten Papiermühle entstand. Den Namen Eichhorst trägt es erst seit 1878. Mitte des 18. Jh.s wurde das Werbellin-Fließ zwischen Werbellinsee und Finowkanal zur künstlichen Wasserstraße ausgebaut, der See auf diese Weise mit dem überregionalen Wasserstraßennetz verbunden. Durch eine *Kanalschleuse* wurde es möglich, Backsteine aus den Ziegeleien Wildau und Elsenau, Holz aus der Schorfheide und Pflastersteine aus den Joachimsthaler und Althüttendorfer Steingruben direkt nach Berlin zu verschiffen. Heute haben Kanal wie Schleuse nur noch touristische Bedeutung.

Schleuse Eichhorst

Nördlich von Eichhorst, nicht weit von der Stelle, wo der Kanal den Werbellinsee verlässt, steht auf einem Hügel der *Askanierturm*. Die Askanier, das erste markgräfliche Geschlecht in Brandenburg, hatten hier im 13. Jh. eine Befestigung errichtet, Burg

Askanierturm (li.), Fußgängerbrücke über den Werbellinkanal (re.)

Werbellin genannt. An jene Zeit soll der aus Findlingen aufgeschichtete und mit einem Zinnenkranz umringte Turm erinnern. Gebaut wurde er auf Anregung des Joachimsthaler Dichters Friedrich Brunold, die feierliche Einweihung fand 1879 statt.

Begeben wir uns an das nordwestliche Ufer des Werbellinsees. Nicht weit vom Campingplatz „Am Spring“, mitten im Wald, steht das ehemalige *Jagdschloss Hubertusstock*. Leider ging das Mitte des 19. Jh.s erbaute Original durch Abriss und Neubau in den 1970er-Jahren verloren. Die Architektur orientiert sich aber weitestgehend am von König Friedrich Wilhelm IV. im bayerischen Landhausstil in Auftrag gegebenen preußischen Jagdsitz von einst. Hubertusstock diente Königen und Kaisern sowie deren Gästen als Domizil bei ihren Jagdausflügen in die Schorfheide. Mit der Abdankung Kaiser Wilhelms II. nahmen die inszenierten Hofjagden ihr Ende. Nachdem die Immobilie 1926 an den preußischen Staat übereignet worden war, verbrachten gewichtige Politiker hier einige Mußestunden, darunter Friedrich Ebert und Paul Hindenburg. Mit dem Nationalsozialismus kam Hermann Göring, mit dem Sozialismus Ulbricht, Stoph und Honecker... Es ging auch schon mal gesamtdeutsch zu. Unter den Gästen vor der Wende: Herbert Wehner und Franz Joseph Strauß. Nach 1990 wurde Hubertusstock Hotel; gegenwärtig ist unklar, wie sich die zukünftige Nutzung von Jagdschloss Hubertusstock gestalten wird.

Jagdschloss Hubertusstock

Zu den empfehlenswerten Wanderrouten zählt besonders der *Gedenkstein-Wanderweg* (Karte S. 66). Die Steine erinnern an hochherrschaftliche Jäger und das durch sie erlegte Wild. So kommt der Besucher an den Erinnerungssteinen für Wilhelm I. und Prinz Carl von Preußen vorbei. Auch der Kommandojäger Schulze, den Wilderer erschossen, ist hier verewigt. Die meisten Steine sind Jubiläumsabschüssen gewidmet wie dem

Gedenkstein

100., 300., 1.000. ... erlegten Hirsch durch königliche oder kaiserliche Hand. Spitzenreiter unter den Hohenzollern war Kaiser Wilhelm II., der 2.133 Hirsche und insgesamt 78.330 Stück Wild zur Strecke brachte. Ein weiterer Gedenkstein liegt am Schönebecker Damm in der Nähe der Försterei Wildfang. Dort pflegte Friedrich Wilhelm III. auf seinen Jagdausflügen zu rasten.

Wundersamer Werbellin

Wo sich heute der Werbellinsee malerisch durch die Schorfheide windet, soll in alter Zeit eine Stadt gewesen sein. In Werbellow, so ihr Name, gab es ein Schloss mit einem ungnädigen Herrn. Der wurde einmal des Nachts von einer alten Frau gebeten, er möge sie hineinlassen. Doch der Schlossherr rief ihr nur zu, sie solle sich fortmachen. Die Greisin aber war eine Zauberin und sie verhexte Schloss und Stadt. Beide versanken kurz darauf in der Tiefe und an deren Stelle breitete sich fortan ein See heraus.

Es heißt, alle hundert Jahre steige nun eine Jungfrau aus dem Wasser empor und bäte um Erlösung. Wer ihr unter die Augen träte, müsse zu einer von ihr benannten Stelle gehen, um dort etwas auszugraben und es zu Hause aufzubewahren. Dann könne sie wieder zu den Lebenden zurück. Noch nie ist ihr jemand begegnet, der ihrem Wunsch entsprochen hätte. Geschieht es aber tatsächlich, dass man auf sie trifft und sie flehentlich bittet, ihr zu helfen, so soll man ihrem Verlangen besser nachgeben, denn wer sie achtlos sitzen lässt, wird am nächsten Tag selbst umkommen und auf keine Erlösung hoffen dürfen.

JOACHIMSTHAL UND DER GRIMNITZSEE

Tourist-Information
Joachimsplatz 1–3
16247 Joachimsthal
Fon (03 33 61) 646 32
www.joachimsthal.de

Joachimsthal ist der größte Ort in der Schorfheide-Region, hügelig gelegen am nördlichen Zipfel des Werbellinsees zwischen einer 117 Meter hohen Endmoräne – den bewaldeten Mörderbergen – und dem Grimnitzsee. Zwei Bahnhöfe stehen dem Besucher heute zur Verfügung. Als *Kaiserbahnhof* bekannt ist der südlichere der beiden, errichtet im gründerzeitlichen Fachwerkstil 1896, vorerst für die alleinige Nutzung durch Kaiser Wilhelm II.

Es ist eine vergleichbar junge Stadt, gegründet erst zu Beginn des 17. Jh.s von Kurfürst Joachim Friedrich. Die 1607 von ihm ins Leben gerufene Fürstenschule, in der 120 Knaben auf ihre Rolle als brandenburgische Beamte oder Geistliche vorbereitet wurden, prägt bis in unsere Zeit Joachimsthals Ruf. Man errichtete damals ein beeindruckendes Ensemble: Gymnasium und Rektoratsgebäude, Zellentrakte für die Schüler, Predigerhäuser, Meierei, Brauhaus, Weinberg ... Im 30-jährigen Krieg ging die Schule zu Grunde. Ein Überfall im Jahre 1636 schlug Lehrer wie Schüler in die Flucht, führte dazu, dass man den Lehrbetrieb nicht wieder aufnahm. Einige Jahre später wurde das Gymnasium damals in Berlin neu gegründet, zu Beginn des 20. Jh.s verlegte man es erneut, jetzt nach Templin. Dort, wo im 17. Jh. die Fürstenschule stand, befindet sich heute die Amtsverwaltung. An die glorreiche Vergangenheit erinnern einzig die Gewölbe im Kellergeschoss – und eine Gedenktafel am Platz, der den Namen des Stadtgründers trägt: *Joachimsplatz*.

In Joachimsthal

Häuser, die älter als 190 Jahre sind, sucht man vergeblich. Bei einem großen Feuer 1814 ging fast die gesamte Stadt in Flammen auf. Auch das erst 1735–40 erbaute barocke Gotteshaus musste wieder hergestellt werden. Die *Kreuzkirche* wurde 1817–21 im neogotischen Stil vermutlich nach Plänen Karl Friedrich Schinkels ausgeführt. Sie ist das wichtigste Baudenkmal der kleinen Stadt. In diesem Buch (↗ S. 57, 63) lassen wir auch einen Mann zu Wort kommen, dem zwischen Rosen- und Brunoldstraße ein *Denkmal* gesetzt wurde: Heimatdichter *Friedrich Brunold*, dessen bürgerlicher Name August Ferdinand Meyer lautete. Brunold – geboren 1811 in Pyritz/Hinterpommern, gestorben 1894 in Joachimsthal – war 45 Jahre Lehrer an der örtlichen Gemeindeschule und hat mit Gedichten seine Verehrung für die Landschaft rund um Grimnitz- und Werbellinsee zum Ausdruck gebracht.

Kreuzkirche

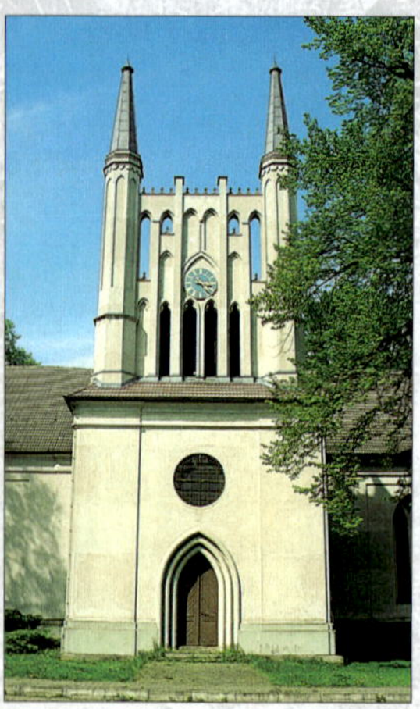

„Es weiß die Welt mein Lauschen – Im Wald zu deuten nicht, – Mir aber ist sein Schweigen, – Sein Rauschen ein Gedicht.“
Friedrich Brunold

Der 830 Hektar große, im Schnitt lediglich gut viereinhalb Meter tiefe **Grimnitzsee** zeichnet mit seiner runden Form ein ehemaliges eiszeitliches Gletscherzungenbecken nach. Obwohl nur etwa zwei Kilometer vom Werbellinsee entfernt, liegt der Wasserspiegel zweiundzwanzig Meter höher als der des Werbellinsees auf der anderen Seite des Endmoränenhügels. Im 17. Jh. erfolgte der Aushub des *Neuen Grabens* und somit die Verbindung beider Gewässer. Dadurch konnte der Wasserstand des Grimnitzsees reguliert werden, zugleich verschob sich in der Region die Wasserscheide zwischen Nord- und Ostsee nach Nordosten, weil der Grimnitzsee anstatt zur Oder nun in Richtung Werbellinsee, Havel, Elbe und Nordsee entwässert wurde.

Den Bekanntheitsgrad betreffend, steht der Grimnitzsee etwas im Schatten des Werbellin, zu Unrecht, denn die Landschaft mit ihrer großen Weite bietet ihre ganz eigenen Reize. Motorboote sind nicht zugelassen, deswegen geht es hier auch sehr ruhig zu. „Grimnitz“ kommt aus dem Slawischen und bedeutet so viel wie donnern oder dröhnen, abgeleitet wohl vom Rauschen der Wellen bei Sturm. Der überwiegende Teil des zwölf Kilometer langen Ufers ist nicht zugänglich. Feuchte Wiesen, Schilf- und Röhrichtzonen umgeben die stille Wasserfläche; nur an einigen Stellen kann man die freie Sicht auf den See genießen. Bademöglichkeiten gibt es in Joachimsthal – am Feriendorf (Angermünder Straße) und an der Badeanstalt (Strandpromenade) – sowie in Althüttendorf.

Am Grimnitzsee in Althüttendorf

Grimnitz, ein Ortsteil von Joachimsthal, grenzt direkt an das Südwestufer. 1297 errichteten die Askanier hier eine deutsche Grenzburg, die im 14. Jh. wieder im Dunkel der Geschichte verschwand. Kurfürst Joachim I. ließ hier ein neues Jagdetablissement errichten, das unter dem Großen Kurfürsten in den 1660er-Jahren zu einem stattlichen Jagdschloss erweitert wurde. Mauerreste davon sind noch erhalten, zurzeit bleibt die Ruine aber vor dem Auge des Besuchers verborgen. Die Gemeinde hat das Areal gekauft und wird es bald wieder zugänglich machen.

In Grimnitz erinnert ein *Granit-Gedenkstein* am alten Spritzenhaus an Erhard Hausendorff. Er leitete 1922–40 die örtliche Oberförsterei und lehrte zwanzig Jahre an der Eberswalder Forsthochschule. Hausendorff erwarb sich große Verdienste, weil er als einer der Ersten die naturverträgliche Waldnutzung propagierte und auch anwandte.

Im Naturschutzgebiet Großer Lubowsee

Kirche in Althüttendorf

Bockwindmühle

Taubenturm in Glambeck

Althüttendorf steht mit seinem Namen für die Geschichte der Glasmacherei in der Region. Schlesische Kolonisten stellten einst hier und in Grimnitz in einer Glashütte Trinkgeschirr und Fensterglas her. Sehenswürdigkeiten des Dorfes: die schmucke *Kirche* mit ihrem Bretterturm von 1803/10 und eine 1828 errichtete *Bockwindmühle*, die man 1926 ihrer Flügel beraubte. Landschaftlich reizvoll ist die Lage des Dorfes direkt am Wasser.

Radrundroute um den Grimnitzsee: ca. 15 km (Karte S.66)
Althüttendorf eignet sich gut als Ausgangspunkt für eine (Rad-) Rundwanderung um den See, die allerdings nicht direkt am See entlangführt. Den besten Blick über den Grimnitzsee hat man vom neben der Bockwindmühle neu errichteten *Aussichtsturm*. Beeindruckend ist der Vogelreichtum. In Frühjahr und Sommer besteht die Chance, Fischadler kreisen zu sehen; Seeadler sind sogar während des ganzen Jahres zu beobachten. Im Herbst machen hier Wildgänse Rast. Häufig zu beobachten sind Schwäne, Haubentaucher, Blesshühner und Enten. Weniger zu sehen, denn zu hören ist die im Schilf brütende Rohrdommel, die wegen ihres markanten Rufes auch Moorochse genannt wird. Mit etwas Glück kann man abends am Ufer des Grimnitzsees Biber beobachten, die ihr Verbreitungsgebiet, ausgehend vom nahen Naturschutzgebiet „Großer Lubowsee" – westlich des Sees gelegen –, hierher erweitert haben.

Einige Kilometer nördlich liegt **Glambeck**. Überbleibsel des Gutshofes sind der achteckige *Taubenturm* aus dem 19. Jh. und einige alte Bäume im ehemaligen Gutspark, sehr schön am Glambecksee gelegen. Hübsch auch die 1708 geweihte und Ende der 1990er-Jahre in Stand gesetzte *Fachwerk-Dorfkirche*, die regelmäßig für Konzerte genutzt wird (Informationen zum Programm und Kartenverkauf bei der Tourist-Information in Joachimsthal).

Westlich davon: das Nachbardorf **Parlow**. Ein Förderverein organisiert hier in einem historischen *Kornspeicher* Ausstellungen zu Natur-Themen. Informationen und Karten für diverse Kulturveranstaltungen in dem kleinen Dorf erhält man in der Gaststätte „Am Speicher". Dort gibt es auch den Schlüssel zum Speicher, falls der verschlossen sein sollte. Immer zu Dorffesten wird die historische Mühle im Gebäude zum Getreide-Schaumahlen in Gang gesetzt.
Die Gegend um Parlow zählt zu den kranichreichsten in Deutschland. Auf ausgeschilderten Wanderwegen zu den *Prüssnickseen* kann man die Vögel beobachten.

Franz Ernst Neumann – Physiker aus Mellin

Ein Suchen auf der Landkarte ist vergeblich, Mellin existiert nicht mehr. Untergegangen, nachdem die Bewohner des Dorfes 1860 alle zusammen nach Amerika ausgewandert waren. Ein Stein an der Straße zwischen Parlow und Glambeck erinnert seit 1999 wieder an den Ort, mehr noch an den berühmtesten Sohn Franz Ernst Neumann (1798–1895) – Begründer der mathematischen Physik in Deutschland.

Neumann studierte in Berlin ab 1817 zunächst Theologie, begann aber später in Jena mit Mineralogie und Kristallographie. 1822/23 kehrte er für ein Jahr nach Mellin zurück. 1825 legte er seinen Doktor ab und folgte wenig später dem Ruf an die Universität nach Königsberg – zunächst als Privatdozent, ab 1829 als ordentlicher Professor für Physik und Mineralogie. Seine bedeutendsten Arbeiten befassten sich mit der Wellenlänge des Lichts, mit Elektrodynamik und Kristallographie. Er fand heraus, warum die Temperatur der Mischung zweier verschieden temperierter Wassermengen nicht exakt in der Mitte lag. Neumann entwarf eine Apparatur zur Bestimmung der spezifischen Wärme. Er entdeckte infolge von Kollisionen auftretende Linien in Meteoriten, heute bekannt als Neumannsche Linien. Er starb im Alter von 97 Jahren in Königsberg, wo er auch begraben wurde.

Zu Seite 64:
Förderverein Kranichdorf Parlow e. V.
Hof 25, 16247 Parlow
Fon (03 33 61) 64 90 64
Gaststätte „Am Speicher"
Fon -703 74

Veranstaltungen in Parlow:
Juli Dorffest
Anfang Okt. Speicherfest
1. Advent Weihnachtsmarkt

Schon von weitem erblickt man die von Feldern eingerahmte Kirchturmspitze von **Friedrichswalde.** Das weiter westlich gelegene Kolonistendorf entstand in der Zeit Friedrichs des Großen 1747 mit Siedlern aus der Pfalz und aus Hessen. Auf dem Dorfanger erinnert ein *Granitstein* vor der *Kirche* an den damaligen Weg der Kolonisten und an den Gründer ihres Ortes. Informationstafeln geben Tipps für Rad- und Wanderrouten, zum Beispiel zum bronzezeitlichen Gräberfeld Richtung Ringenwalde oder zur östlich des Ortes gelegenen Seenkette.

Bei Friedrichswalde (li.)
Kirche (re.)

Großer Gollinsee
109
Reiersdorf
Grunewald
Kl. Vätersee
Bebersee
Groß Väter
Gr. Vätersee
Großdöllner See
Klein Dölln
Kurtschlag
Groß Dölln
Döllnfließ
Kl. Döllnsee
Kl. Dölln
Döllnfließ
Schorf
Altlotzin
Großer Lotzinsee
Kohlenberge
78
109
Trämmersee
Gr. Glasowsee
Biosphärenreservat
Kl. Glasowsee
Schluft
Uhlenhof
Groß Schönebecker Damm
Krummer See
Gr. u. Kl. Pinnowsee
Kl.
Gr. Pinnowsee
Grenze Biosphärenreservat
Döllner Siedlung
Wildpark Schorfheide
Meelaake
Liebenthal
Groß Schönebeck
i
M
Sarnow
Märkische Eiszeitstraße
Treptowsee
„Heidekrautbahn"
109
Weißer See
Sperlingsaue
Kuhpanzsee
Böhmerheide
Klanfließ
Hammer
167
Klandorf

Großer Präßnicksee
Krummer See
Friedrichswalde
Parlow
Parlow-Glambeck
Glambeck
Glambecker See
Märkische Eiszeitstraße
Dovin see
Leistenhaus
Großer Grumsinsee
Köllinsee
Hauptgraben
Grimnitzsee
Neugrimnitz
JOACHIMSTHAL
Grimnitz
Feriendorf Grimnitzsee
Bhf. Werbellinsee „Kaiserbahnhof"
NSG Großer Lubowsee
Althüttendorf
AS 9 Joachimsthal
Elsenau
Kienhorst
Michen
Werbelliner Berge
105,0
Tiefer Bugsinsee
Sassenpfühle
NSG Wacholderjagen
Flacher Bugsinsee
AS 10 Britz
120,8
Sassenberge
Waldhof
Europ. Jugenderholungs- u. Begegnungsstätte
Schönhof
Werbellinsee
Schorfheide-Chorin
Jagdschloss Hubertusstock
198
„Spring"
Altenhof
11
Bhf. Golzow
Golzow
„Süßer Winkel"
Margaretenhof
Werbellin
AS 11 Werbellin
Buckow
Großer Buckowsee
Üdersee
Information
Kirche
Museum
Schloss/Herrenhaus
Aussichtspunkt
Camping
ehem. Windmühle
Wanderweg Altenhof – Eichhorst S. 59
Gedenkstein-Wanderweg S. 60
Radrundroute um den Grimnitzsee S. 64
0
3 km
N

KLOSTER CHORIN

Das märkische Wunder der Gotik und seine Umgebung

Klosterverwaltung
Amt Chorin 11a
16230 Chorin
Fon (03 33 66) 703 77
Fax -703 78
www.britz-chorin.de
www.choriner-musiksommer.de
Öffnungszeiten:
April bis Okt.
täglich 9.00–18.00 Uhr (Einschränkungen durch Konzerte möglich)
Nov. bis März
täglich 9.00–16.00 Uhr

In Sichtweite zur Bundesstraße 2 zwischen Eberswalde und Angermünde steht mit dem Kloster Chorin eines der bedeutendsten Baudenkmäler Brandenburgs, zugleich eindrucksvoller Vertreter der norddeutschen Backsteingotik. Alljährlich finden sich abertausende Besucher rund um die altehrwürdigen Mauern ein, und das nicht nur zum so genannten Choriner Musiksommer. Diese in den 1960er-Jahren ins Leben gerufene Konzertreihe hat im Nordosten Deutschlands große Berühmtheit erlangt. Bequem ist die Anbindung Chorins an Berlin. Der direkte Zug benötigt vom Berliner Ostbahnhof nur gut eine Dreiviertelstunde.

Gestiftet wurde das Zisterzienserkloster im Jahre 1258 als Tochterabtei des Klosters Lehnin von den brandenburgischen Markgrafen Johann I. und Otto III., nicht aber hier in Chorin, sondern einige Kilometer weiter östlich als Abtei Mariensee auf einer Insel im Parsteiner See, dem Pehlitzwerder. Die dortige Lage erwies sich aber rasch als unvorteilhaft und so erbat man schon bald die Verlegung nach Chorin, wo bis 1330 als „ecclesia sancte Marie virginis in Koryn" eine prächtige gotische Anlage entstand. Der Reichtum des Klosters, in dessen Besitz sich während der Blütezeit über sechzig Dörfer und drei Städte, zahlreiche Mühlen und Seen befanden, erlaubte eine Architektur, die an gotischer Prachtentfaltung in Brandenburg ihresgleichen sucht.

Mit der Säkularisation im Jahre 1542 wurde das Kloster aufgelöst. Die riesigen Ländereien gingen an den Landesherren über, der sie seinerseits diversen Pächtern zur Nutzung überließ.

Ruine des Zisterzienserklosters

Bereits vor dem 30-jährigen Krieg setzte der bauliche Niedergang ein. Im Krieg selbst wurden Teile des Klosters geplündert und in Brand gesetzt; auch während des Schwedisch-polnischen Krieges in den 1650er-Jahren litt Chorin unter mehreren Durchmärschen. Die Anlage wurde zudem als Viehstall und Steinbruch genutzt. Der Verfall schien nicht mehr aufzuhalten – bis König Friedrich Wilhelm IV., es war die Zeit der Romantik, im Jahre 1817 die Bewahrung der Ruine beschloss. Vor allem Karl Friedrich Schinkel ist es zu verdanken, dass Chorin der Nachwelt erhalten geblieben ist. Der Baumeister war längere Zeit mit der Instandsetzung des mittelalterlich-backsteinernen Erbes betraut. Darüber hinaus fand sich im Gartenarchitekten Peter Joseph Lenné ein zweiter großer kreativer Geist, der die Umgebung den Klosters verschönern sollte, ein Vorhaben, das jedoch nur in Ansätzen verwirklicht werden konnte. Über die Jahrhunderte war das Kloster Sitz des Amtes Chorin. In das Amtshaus – das ehemalige Wohnhaus des Abtes – zog 1821 die Oberförsterei. Heute ist das Kloster in Landesbesitz und wird vom Amt Britz-Chorin verwaltet.

Westgiebel

Eines der Wahrzeichen ganz Brandenburgs ist der mächtige Schaugiebel im Westen der Klosterkirche, ein hoch aufragendes Meisterwerk norddeutscher Backsteingotik. Der Giebel markiert die nordwestliche Ecke des gesamten Komplexes. Er zeigt in seiner Gliederung deutlich die Dreischiffigkeit des Gotteshauses an. Blenden strecken die Fassade, die eine reich gegliederte Silhouette mit krabbenbesetzten Türmchen und Kanten vertikal in den Himmel zeichnet. Krabben, das sei hier erwähnt, nennt man die „pickelartigen“ Ornamente an Fialen (Ziertürmchen), Wimpergen (Ziergiebel) und Zierpyramiden. Am Westgiebel treffen all diese Gestaltungsmerkmale aufeinander. Von der dreischiffigen Kirche sind das 68 Meter lange mittlere Haupt- und das nördliche Seitenschiff erhalten, das südliche ist verschwunden. Im Osten geht das Mittelschiff in den Chor über. Zentrum des Klosters ist der nahezu quadratische Klosterhof, im Osten wie Westen eingefasst durch die idealtypischen Reste des Kreuzganges. Daran anschließend sind etliche Klausur-Gebäudeteile erhalten, voll-

Blick in den Innenhof

Kreuzgang

ständig verloren ging nur der südliche Flügel mit dem Speisesaal und der Wärmestube. Die Klosterverwaltung bietet etwa einstündige Führungen an. Man kann aber auch individuell durch die Kirche und den Westflügel wandeln und die historische Atmosphäre auf sich wirken lassen.

Kloster Chorin ist eingebettet in die hügelige, mit Seen und Wäldern durchsetzte Landschaft eines eiszeitlichen Endmoränenbogens mit südlich vorgelagerten Sandern und dem Eberswalder Urstromtal. In Sichtweite zum Kloster ruht still der *Amtssee*, früher Chorinsee genannt. Der See ist über den *Nettelgraben* mit dem Parsteiner See und dem Flüsschen Ragöse verbunden. Dieser Nettelgraben wurde bereits im Mittelalter von den Zisterziensermönchen künstlich ausgehoben. Er ist damit das älteste technische Bauwerk der Region. Der „Nettelgrabenweg“, ein etwa sechs Kilometer langer Wanderweg, erschließt die herrliche Landschaft.

Das Dorf **Chorin**, von 1677 bis 1934 Chorinchen genannt, wurde bereits vor dem berühmten Kloster von Slawen gegründet. Die *Feldsteinkirche* auf dem Anger geht auf das 14. Jh. zurück. Um die Wende zum 20. Jh. entstanden in Chorinchen Villen für betuchte Berliner Pensionäre. Eigens dafür wurde 1902 der kleine Bahnhof angelegt, an dem heute die Touristen ein- und aussteigen.

Wanderwege führen vom Kloster Chorin in die laub- und mischwaldreiche Umgebung, etwa zum *Plagefenn*, einem Gebiet aus verschiedenen Moortypen (Durchströmungs-, Kessel- und Quellmoore). Es erhielt bereits 1907 den Status eines Naturschutzgebiets (die Kernzone des Fenns wurde unter Totalschutz gestellt und ist somit nicht zugänglich). Auch ein Ausflug zur *Kroneneiche* ist empfehlenswert. Der Baum bringt es auf ein Alter von fast 500 Jahren. Um den Stamm zu umarmen, bedarf es dreier ausgewachsener Menschen, er misst 3,40 Meter.

Krebsschere, Vertreter der Moore

Durch die Wälder der Mönchsheide führt ein Weg auch zum Schiffshebewerk in Niederfinow (↗ S. 90). Ein besonders lohnenswerter Wanderausflug führt vom Kloster Chorin ins Nachbardorf Brodowin. Dieser „Dengler-Weg“ – benannt nach dem Forstwissenschaftler Alfred Dengler (1874–1944) – leitet den Besucher auf dem historischen Kopfsteinpflaster einer alten Forststraße durch den Wald nach Brodowin.

Nachdem das Kloster gegründet worden war, hatten die Menschen in den Orten der Umgebung den Mönchen allerlei Abgaben zu leisten. Die Bauern von **Brodowin** – so heißt es – mussten den Choriner Mönchen „brot und win" (Brot und Wein) liefern. Daraus soll dann der Dorfname entstanden sein. Brodowin, herrlich zwischen dem Plagefenn und dem Parsteiner See gelegen, gibt sich heute ganz ökologisch. Auf den Feldern, Beeten und Wiesen und in den Gewächshäusern der Umgebung wird nach biodynamischen Regeln gewirtschaftet. Brodowin steht inzwischen für einen Markennamen, der sich in den meisten Bioläden Berlins findet, sei es in Form von Milch, Käse, Fleisch und Wurst, Obst oder Gemüse. Ein ganzes Dorf hat, wie sich heute zeigt, auf das richtige Pferd gesetzt.

Kirche Brodowin

Die Umwelt schonende Landwirtschaft erhöht auch den Reiz dieser Landschaft. Von den Hügeln bei Brodowin bieten sich wundervolle Ausblicke. Am Ostrand des Wesensees erheben sich der *Kleine* und der *Große Rummelsberg*. Sie sind elliptische eiszeitliche Aufschüttungen, so genannte Drumlins. Der Kleine Rummelsberg zwischen Brodowin und Pehlitz ist mit 81 Metern üNN fast vierzig Meter höher als der malerische Wesensee am Fuße des Berges. Phantastisch ist der Rundblick auf die abwechslungsreiche Landschaft mit Parsteiner und Wesensee, auf die heckengesäumten Ackerflächen und die bewaldeten Hügel. Brodowin grüßt mit seiner vom Baumeister Friedrich August Stüler geschaffenen neogotischen *Kirche* von 1853 herauf... es ist ein anmutiger Landstrich, in dem Natur und Mensch harmonieren.

Hofladen Ökodorf Brodowin
16230 Brodowin
Fon (03 33 62) 600 22, Fax -302
E-Mail: info@brodowin.de
www.brodowin.de

Blick vom Kleinen Rummelsberg zum Parsteiner See

Wir sind hier in den östlichen Ausläufern des Biosphärenreservates Schorfheide-Chorin. *„Haus Pehlitzwerder"* bei Brodowin ist einer der über das Schutzgebiet verteilten Informationspunkte. Eine Ausstellung in einem Bauernhaus aus dem 19. Jh. gibt hier aufschlussreiche Einblicke in die Geschichte der Landschaft ringsum. Erläutert wird etwa die erdgeschichtliche

Am Parsteiner See

Formung durch die letzte Eiszeit. Begriffe wie Moräne, Sander, Urstromtal – Teile der so genannten glazialen Serie – werden erklärt. Große Aufmerksamkeit widmet man auch den Einflüssen des Menschen, von der Slawenzeit über die deutsche Besiedlung im Mittelalter bis zur ökologischen Landwirtschaft von heute. Interessant die Darstellung der Zeit zwischen 1945 und 1989, in der wichtige Ereignisse in Brodowin, Deutschland und der Welt zusammengetragen sind.

Das Haus trägt den Namen der Halbinsel Pehlitzwerder. Hier wurde im 13. Jh. das Kloster Mariensee gegründet, das nach dem Umzug nach Chorin aufgegeben wurde. Grundmauern dieser Abtei sind etwa 150 Meter vom Ausstellungshaus noch zu sehen. Ein Gang über den Pehlitzwerder lohnt sich. Es eröffnen sich immer wieder reizvolle Ausblicke auf den Parsteiner See und man trifft auf mehrere hundert Jahre alte Eichen, alte Linden und Buchen sowie auf die seltene Elsbeere. Der Verein „Ökodorf Brodowin" kümmert sich in der Gemarkung des Dorfes um die Landschaftspflege und bietet geführte Wanderungen an.

Informationen zu Wanderungen und sonstigen Veranstaltungen in Brodowin: Ökodorf Brodowin e. V.
Werner Stockmann
Dorfstraße 47, 16230 Brodowin
Fon (03 33 62) 703 37

Haus Pehlitzwerder
Fon (03 33 62) 706 86
Öffnungszeiten:
April bis Okt. 10.00–17.00 Uhr
Nov. bis März Sa, So, ftgs. 10.00–16.00 Uhr
Zu anderen Zeiten n. Voranmeldung

Der **Parsteiner See**, mit über 1.100 Hektar und einer Tiefe von bis zu fünfundzwanzig Metern eines der größten Brandenburger Gewässer, erfreut sich bei Wassersportlern großer Beliebtheit. Trotzdem gilt er noch immer als Geheimtipp und ist selbst an warmen Sommertagen kein Ort des Massentourismus. Bei vier bis fünf Metern Sichttiefe eignet er sich gut zum Tauchen. Surfern kommen die guten Windverhältnisse zugute. Am *Campingplatz* bei **Parstein** bieten sich alle Möglichkeiten, um den See mit all seinem Freizeitpotenzial kennen zu lernen. Hier kann man baden, sich ein Boot ausleihen oder sein Kanu zu Wasser lassen. Motorboote sind nicht erlaubt, das verspricht Ruhe und Entspannung. Weitere Badestellen befinden sich in **Pehlitzwerder** und bei **Herzsprung** (FKK).

Einige Buchten des Parsteiner Sees sind zum Schutz der Tier- und Pflanzenwelt gesperrt. Zu den vorkommenden Fischarten gehören Maräne, Aal und Hecht, Blei, Schlei, Zander, Plötze und Regenbogenforelle.

Die Bartmeise ist Bewohner großer Schilfdickichte. Ihr charakteristischer Ruf: ping, ping

Wie der Parsteiner See entstand

An der Stelle, wo sich der Parsteiner See heute so reizvoll in die wellige Landschaft einfügt, soll zu alter Zeit eine Stadt gestanden haben. Weil die Moore und Sümpfe der Umgebung kein wohlschmeckendes Wasser von sich gaben und die Oder zu weit war, um sich ihrer Fluten zu bedienen, hatten die dort lebenden Menschen immer wieder Probleme, frisches Trinkwasser zu bekommen. Eines Tages kam ein Mann daher, der den Menschen inmitten ihrer Stadt eine Stelle zuwies, an der sie nach Wasser graben sollten. Bevor er wieder verschwand, gab er ihnen noch den ernst gemeinten Rat mit auf den Weg, den Brunnen stets gut abzudecken und – was auch immer geschehe – nie offen zu lassen. Sofort wurde ein tiefer Brunnen ausgehoben, der tatsächlich das lang ersehnte Nass in sich bergen sollte. Lange Zeit hielten sich die Städter an den Ratschlag des Fremden und hüteten ihren Brunnen wie einen Schatz. Doch eines Tages, im Anschluss an ein großes Fest, vergaßen sie, den Brunnen mit einem großen Stein zu bedecken. Da begann es in der Tiefe zu brodeln und aus dem Brunnen stieg das Wasser ans Tageslicht empor. Es füllte die Gassen und Plätze und flutete das weite Land. So lange, bis schließlich die große Senke, in der die Stadt lag, vollkommen mit Wasser gefüllt war. Die Stadt aber sollte wegen der Unachtsamkeit der Menschen auf immer und ewig von der Bildfläche verschwunden sein.

Großer Stein bei Neuendorf

Vom Südufer des Parsteiner Sees aus lohnt sich eine Wanderung nach Neuendorf. Dabei passiert man das *Naturschutzgebiet Breitefenn*, ein urwaldartiger Kulturwald, der früher als Hutewald genutzt wurde. Schweine trieb man zur Ei-

chelmast hierher, Schafe und Rinder hielten die aufkeimenden Buchen klein. Im Breitefenn kommt noch der Heldbock vor, eine bedrohte Käferart, die auf abgestorbene Eichen angewiesen ist (↗S. 78 in Bd. Spreewald).
Eine geologische Seltenheit ist der aus schwedischem Granit bestehende *Große Stein* am Waldrand kurz vor Neuendorf. Wer vor ihm steht, kann sich die Kraft vorstellen, mit denen die Gletscher der Eiszeiten gewirkt und die Geschiebe über so große Entfernungen transportiert haben. 1825/28 wurde die Hälfte des Findlings abgesprengt. Man wollte den Stein für die Herstellung der Granitschale vor dem Berliner Alten Museum am Lustgarten verwenden, allerdings erwies sich das Material als zu weich. So kam es, dass nicht der Neuendorfer Stein, sondern die Markgrafensteine (↗ Bad Saarow in Bd. Märkische Schweiz, Land Lebus…) bei Bad Saarow Verwendung fanden. In **Neuendorf** fällt einem die *Feldsteinkirche* ins Auge, ein wehrhafter Bau aus dem 13. Jh.

Feldsteinkirche in Neuendorf

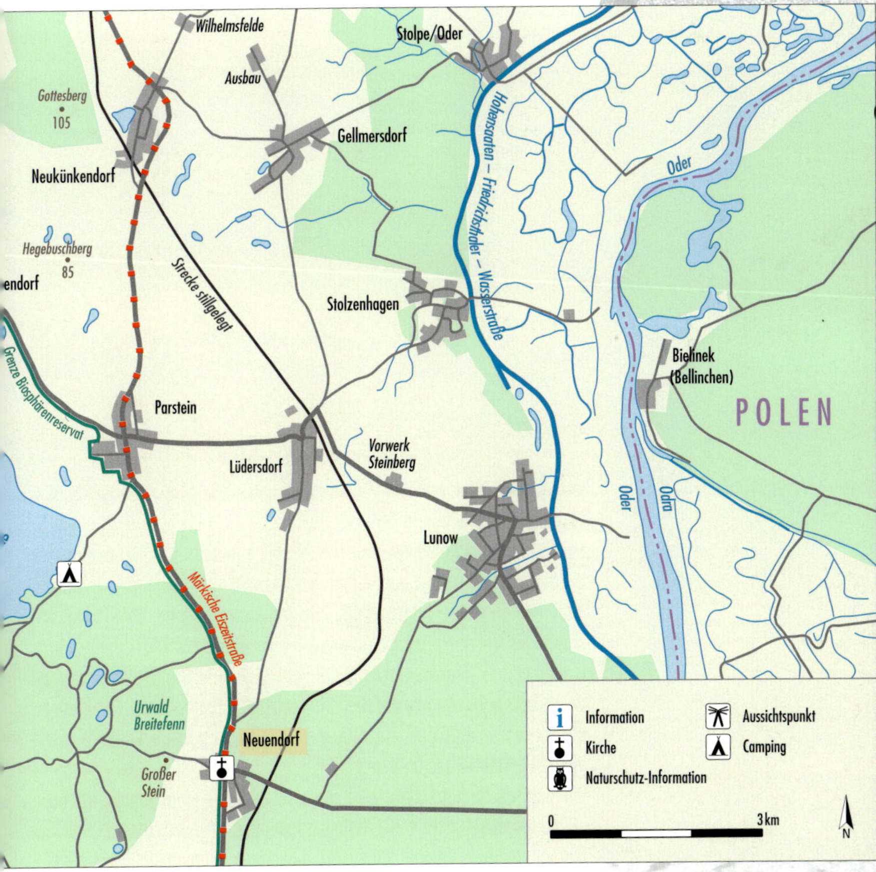

DAS ODERBRUCH

„Alle noch vorhandenen Nachrichten stimmen darin überein, dass das Oderbruch vor seiner Urbarmachung eine wüste und wilde Fläche war, die, sehr wahrscheinlich unsrem Spreewalde verwandt, von einer unzähligen Menge größerer und kleinerer Oder-Arme durchschnitten wurde."

Friedrich II., „der Große", Gemälde v. Johann Georg Ziesenis um 1763 Foto: Stiftung Preußische Schlösser und Gärten

Diese Zeilen schrieb Theodor Fontane über das Oderbruch und bevor Friedrich der Große Mitte des 18. Jh.s zur Trockenlegung schreiten ließ, wird es wohl auch so gewesen sein. Auf etwa 640 Quadratkilometern breitet sich das Bruch zwischen Oderberg im Norden und Lebus im Süden aus, wird scharf begrenzt von der Barnim-Hochebene und dem Land Lebus im Westen sowie der Oder im Osten. Etwa 19.000 Menschen leben heute in der weiten Ebene im Grenzland zu Polen. Die Region ist landschaftlich geprägt von unzähligen Gemüse-, Zuckerrüben-, Weizen- und Sonnenblumenäckern, auf denen Dank nährreicher Böden gute Ernten eingefahren werden.

Blick nach Neuküstrinchen

Die fast tischbrettebene Fläche des Bruchs liegt nur wenige Meter über dem Meeresspiegel, Ursache für das Risiko, von den regelmäßigen Oderhochwassern überflutet zu werden. Letztmalig passiert ist dies 1947, als die Deiche barsten und die Oder bis nach Bad Freienwalde schwappte. Fünfzig Jahre später, 1997, konnte nur mit enormen Anstrengung eine ähnliche Katastrophe verhindert werden. Damals blickte die ganze Nation an den Fernsehern zu Hause gebannt auf diesen eigenwilligen Landstrich, von dessen Existenz bis dato so mancher Rheinländer oder Franke noch nichts gewusst haben mag.

An Wasser besteht also kein Mangel. Überall finden sich Entwässerungsgräben, der Grundwasserspiegel ist hoch. Sobald es etwas länger regnet, bilden sich auf den Äckern und Feldern kleine

Auenlandschaft bei Reitwein

Seen. Und dennoch, das Klima trägt kontinentale Züge. Nur 470–500 Millimeter Regen fallen pro Jahr auf den Quadratmeter. Damit zählt das Oderbruch zu den trockensten Gebieten Mitteleuropas.

Die Entstehungsgeschichte des Oderbruchs ist aufs Engste mit den Eiszeiten verbunden. In der Weichsel-Eiszeit war das heutige Brandenburg nördlich einer Linie Brandenburg/Havel–Luckenwalde–Guben mit einem Eispanzer bedeckt. Durch die Erwärmung des Klimas begannen sich die Gletscher nach Nordosten zurückzuziehen, hinterließen aber im Gebiet des heutigen Oderbruchs einen etwa fünfzig Meter mächtigen Toteisblock. Während der Zeit seines Bestehens – das Abschmelzen vollzog sich nur sehr langsam – fand lediglich an den Rändern eine landschaftliche Überformung statt. Dies geschah hauptsächlich durch fluviatile – also durch Fließwasser herbeigeführte – Anschüttung verschiedenkörniger Sande und Kiese (Schwemmkegel). Betroffen davon war insbesondere ein gut dreißig Kilometer langer Streifen zwischen Bad Freienwalde und Seelow, der spitz zulaufend über das Stobbertal bis weit in die Märkische Schweiz hineinragt.

In Zollbrücke

Nach dem Abschmelzen des Toteisblockes sorgte die Oder dafür, dass der Rest des Oderbruchs flächig mit einem Sand-Lehm-Gemisch überzogen wurde. Ein dichter Eichen-Erlen-Auenmischwald begann sich auszubreiten, durchsetzt mit zahllosen kleinen und einigen wenigen größeren Oderarmen. Zur Besiedlung durch den Menschen eigneten sich nur ein paar inselartige Sanderhebungen, aber auch diese blieben von den zweimal im Jahr auftretenden Hochwassern nicht unberührt. Die wenigen Menschen, die während des Mittelalters im Oderbruch lebten, ernährten sich von Fischfang und Viehzucht. Erst mit Friedrich dem Großen sollten sich die Lebensumstände im Bruch grundlegend ändern. Ab dem Sommer des Jahres 1747 gingen 1.600 Arbeiter und Soldaten daran, die bis dahin un-

Rapsblüte im Niederoderbruch

An einem Arm der Alten Oder

berechenbare Oder zu bändigen. Auf über zwanzig Kilometern Länge wurde weiter östlich ein neuer, weitgehend geradliniger Flusslauf ausgehoben und eingedeicht. Die Leitung des Projektes oblag einem Niederländer: dem Wasserbauer Simon Leonhard von Haerlem. Nach sechs Jahren war das Werk vollendet und der König konnte das neu gewonnene Land mit Kolonisten besiedeln. Bis 1761 wurden 33 Dörfer neu gegründet und mit Einwanderern aus der Pfalz, aus Württemberg, Hessen, Mecklenburg und Sachsen, aus Niederösterreich und der Westschweiz bevölkert. Viele Dorfnamen orientierten sich an dem, was in den umliegenden Gegenden schon Bestand hatte. Auf neumärkischer Oderseite hießen die Orte (Alt-)Küstrinchen, (Alt-)Rüdnitz, Zäckerick (heute Siekierki), (Alt-)Lietzegöricke, Güstebiese (heute Gozdowice) und Zellin (heute Czelin), diesseits der neuen Oder gesellten sich die neuen Kolonistendörfer und -siedlungen Neuküstrinchen, Neurüdnitz, Zäckericker Loose, Neulietzegöricke, Güstebieser Loose und Zelliner Loose ... dazu. Der Begriff Loose ist typisch für das Oderbruch. Man vermaß im ausgehenden 18. beginnenden 19. Jh. mehrere hundert Morgen große Ländereien, die per „Lo(o)s“ an ihre Bewerber verteilt wurden. Die Namen dieser Loosegehöfte haben sich bis in unsere Zeit erhalten.

Friedrich dem Großen war es gelungen, sein Preußen ganz ohne Krieg um viele fruchtbare Quadratkilometer Land zu erweitern. Die Wälder wurden gerodet, die bäuerliche Landwirtschaft erhielt ein neues Gesicht. Jetzt betrieb man Kartoffel- und Getreide-, Rüben- und Gemüseanbau. Im 19. Jh. begann Johann Gottlieb Koppe, Zuckerrüben anzupflanzen. Hundertfünfzig Jahre sollte Rübenzucker vielen im Oderbruch ihr Auskommen sichern (↗ in Bd. Der Spreewald S. 84). Mit Beginn des 20. Jh.s schließlich entwickelte sich das Oderbruch zum Gemüsegarten der aufstrebenden Reichshauptstadt Berlin. Der zwischen 1910

Oderbruchlandschaft bei Genschmar

und 1912 durchgeführte Bau der Oderbruchbahn, die, von Müncheberg und Fürstenwalde kommend, Seelow und Wriezen in gewundenem Lauf miteinander verband, vereinfachte und beschleunigte den Transport der bäuerlichen Produkte. Doch diese Bahn, jahrzehntelang modernes Rückgrat der Region, wurde zwischen 1965 und 1971 nach und nach stillgelegt – teilte damit das Schicksal vieler Kleinbahnen in Deutschland.

Der Zweite Weltkrieg bedeutete für das Oderbruch eine Zäsur: Er zog mit gnadenloser Vernichtung durch die Weite der Landschaft. Nachdem die Rote Armee auf dem westlichen Ufer der Oder ihre Brückenköpfe errichtet hatte, begann der Vormarsch auf Berlin. Schwere Kämpfe erschütterten das Land und die Schäden waren gewaltig. Vor allem mittleres und südliches Oderbruch verloren in den letzten Kriegswochen einen großen Teil ihrer historischen Bauten.

Nach dem Zweiten Weltkrieg wurde die Landwirtschaft im Oderbruch kollektiviert. Als 1989 im Osten Deutschlands die politische Wende einsetzte, wurde das gesamte Bruch von neun Großbetrieben bewirtschaftet. Seither sind viele Arbeitsplätze in der Landwirtschaft weggefallen, dennoch behauptet sie sich als dominierender Faktor im Wirtschaftsleben. Der Tourismus hat zusätzliche Arbeitsplätze geschaffen. Das Oderbruch ist heute ein Paradies für Radfahrer. Diese Region Brandenburgs ist prädestiniert dazu, denn Erhebungen gibt es nicht, die zu Höchstleistungen herausfordern könnten ... und der Autoverkehr ist abseits der Bundesstraßen so gering, dass man als Fahrradfahrer auch auf den Landstraßen oft unter sich ist.

Weißstörche – ein typisches Bild im Oderbruch

Etliche Künstler haben sich niedergelassen, die in der Ruhe dieses Landstrichs kreative Kraft tanken. Weil es abgesehen von Küstrin-Kietz und Hohenwutzen keine Grenzübergänge nach Polen gibt, beschränkt sich der Ost-West-Durchgangsverkehr auf die Bundesstraßen 1 und 158. Doch in der Planung ist ein weiterer Oderübergang bei Güstebieser Loose. Viele Einheimische wehren sich dagegen, sähen lieber eine Fähre, denn sie befürchten, dass ihr stiller Landstrich Schaden nehmen könnte. Im Sinne der Einzigartigkeit und zum Wohle des Oderbruchs kann man ihnen dabei nur Erfolg wünschen.

BAD FREIENWALDE UND DAS NÖRDLICHE ODERBRUCH

Freienwalde hat eine reizende Naturlage; es erhebt sich auf der einen Seite amphitheatralisch gegen eine mit Holz bewachsene steile Bergkette, auf der anderen Seite dehnen sich schöne Ebenen und Wiesen, die von der Oder und ihren Nebenströmen durchschnitten werden, auf mehrere Meilen aus.

Friedrich W. A. Bratring 1804

Kuren, Könige und Kolonisten

Es gibt nicht viele Gegenden in Brandenburg, wo Höhenunterschiedet so deutlich hervortreten wie hier. Am Rande des Barnims – den Wald im Rücken, den Osten im Blick – zeichnet das nördliche Oderbruch seine vielseitigen Fassetten in das weite Landschaftsbild. Von der Höhe bei Falkenberg blickend, taucht rechts Bad Freienwaldes Nikolaikirche aus dem Dunst auf, links, fast verspielt, die Größe nicht erahnend, erkennt man das Schiffshebewerk Niederfinow, nicht weit vor uns die Neuenhagener Insel ... daneben das flache Tuch des Oderbruchs, dahinter weit vorgeschoben in der Ferne auszumachen der Horizont.

Polen ist nicht weit, es beginnt gleich hinter der Oder. Auf der Bundesstraße 167 passiert man in Hohenwutzen die Grenze.

Verbunden ist das Oderbruch mit dem Namen Friedrichs des Großen, der es hat urbar machen lassen (↗ S.77/78).

Das Oderbruch ist Landleben pur. Was Cornwall für England, ist das Bruch für Brandenburg. Erst am Rande wird's ein wenig städtisch und belebt. Schön anzusehen: Bad Freienwalde, das alte Kurbad mit seinen Parks, dem berühmten Schlösschen und seiner Altstadt ... im Norden historisch uckermärkisches Land mit dem einstigen Fischerstädtchen Oderberg ... in der Ebene nichts als Dörfer, deren Kolonistenvergangenheit noch heute zu spüren ist. Bahnhöfe zeugen von moderneren Zeiten. Sie sind zu finden in Bad Freienwalde, Niederfinow, Falkenberg, Altranft und Wriezen.

Blick vom Galgenberg auf Bad Freienwalde

Blick vom Schlosspark auf Bad Freienwalde

BAD FREIENWALDE

Traditionsreicher Badeort mit kurfürstlichem Segen

Willkommen im deutschen Mittelgebirge! So könnte die Stadt am Rande des Barnims ihre Gäste begrüßen, denn der waldreiche Landstrich rund um das etwa 10.000 Einwohner zählende Bad Freienwalde mutet fast an wie Gebiete im Harz oder im Thüringer Wald. Blickt man aber von einem der höher gelegenen Aussichtspunkte in Richtung Oderbruch, fällt das Mittelgebirgsimage schnell in sich zusammen. Und dennoch – Bad Freienwalde liegt sehr reizvoll eingebettet in die Hänge des steil nach Osten abfallenden Hochplateaus des Barnim. Die Landschaft kommt so dem Kurortcharakter entgegen und begünstigt damit den Erholungswert der Stadt.

Bad Freienwalde ist das älteste Kurbad Brandenburgs. Schon 1683 wird mineralisches Quellwasser erwähnt, dem man eine heilende Wirkung nachsagt. Im Jahr darauf erfährt Kurfürst Friedrich Wilhelm – der Große Kurfürst – von der Entdeckung der Quelle und erhebt Freienwalde in den Rang eines Badeortes. Im 18. Jh. fördern mehrere Preußenkönige die Ausweitung des Badebetriebes, der Mitte des 19. Jh.s um Anwendungen mit schwefel- und eisenhaltigem Oderbruch-Moor erweitert wird, die ihrerseits wenig später zur wichtigsten Behandlungsmethode avancieren.

Darüber hinaus besaß Bad Freienwalde zur Preußenzeit eine gewisse Bedeutung als Verwaltungssitz des Kreises Oberbarnim, der vom Werbellinsee bis zur Märkischen Schweiz reichte. Den Status einer Kreisstadt, nach 1945 beibehalten, verlor man 1993 an Seelow. Bad Freienwalde, historisch Teil des Barnims, gehört heute zum Landkreis Märkisch-Oderland.

Tourist-Information der Kur- und Fremdenverkehrsgesellschaft
Uchtenhagenstraße 2
16259 Bad Freienwalde
Fon (0 33 44) 150 89-0
E-Mail: info@bad-freienwalde.de
www.bad-freienwalde.de

Veranstaltungen in Bad Freienwalde:

1. Mai	**Bahnhofsfest**
Juni	**Waldwoche**
Mitte Juni	**Mitternachtskonzert im Kurpark mit Feuerwerk**
Juni/Juli	**Brunnenfest**
1. Wochenende i. Sept.	**Altstadtfest**

Nikolaikirche

Sehenswürdigkeiten gibt es viele, beginnen wir in der Stadtmitte, markiert vom *Marktplatz*. Der Platz wurde mit der Ortsgründung in der ersten Hälfte des 13. Jh.s angelegt. Die Märkte – Holz-, Jahr-, Fisch- und Salzmärkte – waren vornehmlich regionaler Natur.

An der höchsten Stelle des abschüssig nach unten spitz zulaufenden Platzes thront die *Nikolaikirche*, ältestes Gebäude der Stadt und im Kern auf das 13. Jh. zurückgehend. Vollendet wurde sie 1522 mit dem Anbau des Turms, dessen Haube man 1867 nach einem Brand neogotisch umformte. Es lohnt ein Blick ins Innere. Im Stil der Renaissance zeigen sich Altaraufsatz, Kanzel und Ratsherren-Chorgestühl (alles 17. Jh.), Emporen und Orgel sind ein Werk des 18. Jh.s. Bei den farbigen Raumbemalungen, die 1970 durchgeführt wurden, hat man sich an historischen Vorgaben orientiert.

Oderlandmuseum
Uchtenhagenstraße 2
16259 Bad Freienwalde
Fon (033 44) 20 56
Fax -327 24
E-Mail: oderlandmuseum-frw@kultur-in-mol.de
Öffnungszeiten:
Di–Fr 10.00–17.00 Uhr
Sa 9.00–12.00 Uhr

Hell erstrahlt am Marktplatz das *Rathaus*, zu erkennen am Freienwalder Wappen im Giebel, mit Eichenbaum und zwei radgeschmückten Schildern. Das älteste, uns vom äußeren Eindruck her bekannte Rathaus befand sich zusammen mit dem Gebäude der Stadtwache seit Beginn des 17. Jh.s mitten auf dem Platz. Diesem Fachwerkbau vorgelagert, rechts und links des Eingangs, boten zwei so genannte Scharren Bäckern und Fleischern Verkaufsräume. Als die Wände marode geworden waren, Ratten und Mäuse begonnen hatten, die städtischen Akten zu zerfressen, machte man 1821 das Rathaus dem Erdboden gleich.

Die Zeiten waren schlecht und so ließ eine Neubebauung auf sich warten. Erst 1855 errichteten die Freienwalder auf zwei ehemaligen Bürgerstellen – nunmehr am Rand des Platzes – das heute noch vorhandene spätklassizistische Stadthaus. Die Erweiterungen 1926 (Aufstockung) und 1938/39 (Anbau) fügen sich harmonisch in das gesamte Marktensemble ein.

Eines der schönsten Bürgerhäuser Bad Freienwaldes, das *„Freihaus von Loeben"*, steht nur einen Steinwurf entfernt in der Uchtenhagenstraße, die hier am Markt beginnt. Hinter seiner spätbarocken Fassade von 1774 befindet sich seit 1952 das *Oderlandmuseum*, dessen Besuch der Oderbruchreisende nicht versäumen sollte. Gegründet wurde das Museum bereits 1889 auf Betreiben des damaligen Landrats des Kreises Oberbarnim von Bethmann Hollweg (↗ Hohenfinow). Im Mittelpunkt der ständigen Ausstellung stehen die Kur- und Badegeschichte der Stadt sowie Trockenlegung und Besiedlung des Oderbruchs mit seinen typischen planmäßig angelegten Kolonistendörfern. Auch die Lebensweise der ansässigen Bevölkerung wird aufschlussreich dokumentiert.

Auffällig sind die beiden alten *Bäume* auf dem Marktplatz. Die Eiche pflanzte man 1887 zu Ehren des 90. Geburtstags seiner Majestät Kaiser Wilhelms I. Die Linde gesellte sich 1913 hinzu, hundert Jahre nach dem Sieg über Napoleon.

Die Hauptstraße entlang, fällt rechter Hand ein historischer Fachwerkbau ins Auge, die *Konzerthalle St. Georg*. Sie wurde im Jahre 1696 ursprünglich als Kirche für das gleichnamige Hospital erbaut. Seit 1986 wird St. Georg für Konzerte genutzt, bei denen von Zeit zu Zeit auch eine moderne Orgel aus dem Hause Sauer bespielt wird.

Konzerthalle St. Georg

Wenden wir uns nun dem *Schlosspark* zu. Ende des 18. Jh.s fasste Königin Friederike Luise von Preußen – die Frau Friedrich Wilhelms II. – den Entschluss, in Freienwalde ein Grundstück zu erwerben und dort, fern des Berliner Getümmels, eine Bleibe zu errichten. Oberhalb der Stadt, auf einer hügeligen Fläche von zwölf Hektar wurden verschlungene Wege angelegt. Ruinen, strohgedeckte Einsiedeleien und landschaftsprägende Anpflanzungen machten aus dem Areal einen romantischen Park nach englischem Vorbild. In den Jahren 1798/99 vervollkommnete der Baumeister David Gilly (↗ in Bd. Uckermark, Kap. Schwedt/Oder S.70) mit einem kleinen frühklassizistischen Schloss Friederike Luises Vorhaben eines königlich-sommerlichen Witwensitzes. Später ließ Friedrich Wilhelm III. den Park umgestalten und erweitern. Blumen und Sträucher wurden aus Potsdam-Sanssouci herbeigeschafft, 250 Pflaumenbäume und 174 Rebstöcke fanden hier einen neuen Standort. Der Park bestach vor allem durch seine Lage oberhalb des Oderbruchs. Immer wieder taten sich weite Blicke in Richtung Osten auf, die heute jedoch zumeist durch den Wildwuchs der Bäume verstellt sind. 1869 wurde die Berliner Straße, die bis dahin direkt am Schloss vorbeiführte, ins Tal verlegt, sodass neue Flächen frei wurden, die man für das große Gartenparterre und den Springbrunnen zu nutzen wusste.

Rüste dich, mein weißes Schlösslein,
hinter jungbelaubten Kronen!
Rüste dich, mein schwarzes Rösslein,
denn du darfst dich nicht mehr
schonen!
Der Kastanien Purpurkerzen
blühn, verblühn nur allzubalde,
und die Sehnsucht singt im Herzen
mir ein Lied von Freienwalde
Victor Blüthgen (↗ S. 87)

Teehäuschen

Schloss Bad Freienwalde: siehe Tourist-Information

1909 übernahm der spätere Außenminister Walther Rathenau Park und Schloss und wohnte hier bis zu seinem gewaltsamen Tode 1922. Unter seiner Ägide wurde der Landschaftsgarten nochmals überarbeitet und zum Teil neu bepflanzt. Bäume und Sträucher haben seither an Größe und Umfang kräftig zugelegt und die Stadt belässt es größtenteils dabei. Wichtigstes Gebäude neben dem Schloss ist das *Teehäuschen*, ein 1790 errichteter Pavillon, der bis zur Fertigstellung des Schlosses der Königin als Wohnung diente. Dann wurde es für höfische Lustbarkeiten verwendet und ist seit Rathenaus Zeiten Ort für Veranstaltungen. Im Schloss beleuchtet eine ständige Ausstellung die Geschichte des Hauses und erinnert zugleich an den berühmten deutschen Außenminister und Geschehnisse der Weimarer Republik.

Walther Rathenau (1867–1922) – ein deutscher Außenminister

Hineingeboren wurde er in die Welt der Großindustrie. Sein Vater gründete 1883 die Deutsche Edison-Gesellschaft, 1887 umbenannt in AEG – Allgemeine Elekticitäts-Gesellschaft. Walther Rathenau studierte in Berlin, Straßburg und München Physik, Chemie, Philosophie und Maschinenbau. Bald danach trat er in den Konzern des Vaters ein, wurde 1904 Mitglied des Aufsichtsrates und 1912 dessen Vorsitzender. Doch Walther Rathenau war mehr als nur ein Industrieller. Er schrieb philosophische und sozialpolitische Studien, veröffentlichte zu gesellschafts- und wirtschaftspolitischen Fragen.

1922 trat Rathenau als Außenminister ins zweite Kabinett des Reichskanzlers Joseph Wirth ein. Bereits vorher hatte er als Wiederaufbauminister Ministererfahrung gesammelt. Unter Rathenau schloss Deutschland den Rapallo-Vertrag, in dem das Deutsche Reich und die Sowjetunion jeweils auf Kriegsentschädigungen verzichteten und beide Staaten diplomatische Beziehungen zueinander aufnahmen. Dieser Vertrag sollte ihn das Leben kosten. Walther Rathenau war erst wenige Monate Außenminister, da wurde er am 24. Juni 1922 auf seinem Weg ins Außenministerium von Rechtsradikalen in Berlin-Grunewald erschossen. Rathenau war Jude und als liberal denkender und handelnder Politiker unter den extrem nationalistisch Gesinnten verhasst. Der Rapallo-Vertrag mit dem „Bolschewismus" galt in diesen Kreisen als Pakt mit dem Bösen. Heute ist sich das Land seiner Verdienste bewusst. Der Name Rathenau ist deutschlandweit auf zahllosen Straßenschildern gegenwärtig.

Vertrag von Rapallo
Artikel 1.
Die beiden Regierungen sind darüber einig, dass die Auseinandersetzung zwischen dem Deutschen Reiche und der Russischen Sozialistischen Föderativen Sowjetrepublik über die Fragen aus der Zeit des Kriegszustandes zwischen Deutschland und Russland auf folgender Grundlage geregelt wird:
a) Das Deutsche Reich und die Russische Sozialistische Föderative Sowjetrepublik verzichten gegenseitig auf den Ersatz ihrer Kriegskosten sowie auf den Ersatz der Kriegsschäden, das heißt derjenigen Schäden, die ihnen und ihren Angehörigen in den Kriegsgebieten durch militärische Maßnahmen einschließlich aller in Feindesland vorgenommenen Requisitionen entstanden sind. […]

Der Name der Straße im Brunnental in der Berliner Vorstadt gibt die Richtung vor: Gesundbrunnenstraße. Sie führt geradewegs zum *Kurpark* in einen waldgesäumten Tal-Kessel. An ihr stehen zahlreiche elegante Gründerzeitvillen, größtenteils noch aus dem 19. Jh. Ob Freienwalde jemals die von Julius Dörr geschilderten Kur-Erfolge aufweisen konnte, ist nicht verbürgt. Über jeden Zweifel erhaben ist dagegen die lange Geschichte des Kurparks und seiner Bauten. In den ersten 130 Jahren nach der Entdeckung der Quelle maß man dem Flanieren bei guter Luft als Teil einer erfolgreichen Kur kaum Bedeutung bei. Zwar gab es schon im 18. Jh. eine nicht weiter beschriebene Gartenanlage, aber erst ab 1816, mit dem Engagement Peter Joseph Lennés, entwickelte sich das Tal zum Kurpark. Beherrscht wird das Gelände, das sich durch Wiesenflächen, alte Bäume, Bachlauf und Teich auszeichnet, vom so genannten *Landhaus*. Dieser zweigeschossige Bau entstand in den Jahren 1789/90 nach einem Entwurf Carl Gotthard Langhans' als Logierhaus für adlige Badegäste (heute Kurmittelhaus). Dort, wo sich das Tal verengt, steht das alte Kurhaus, erbaut 1875, ihm zur Seite gestellt ist der moderne, 1994 eröffnete, der Rundung des Tals folgende Wohn- und Therapiekomplex der Fachklinik für Orthopädie und Rheumatologie.

Altes Kurhaus im Kurpark

Landhaus, heute Kurmittelhaus

Zwischen beiden Häusern hindurch führt der Weg zur *Kurfürstenquelle*. In Sandstein gefasst erinnert sie an die Anfänge der Bad Freienwalder Kurgeschichte im 17. Jh. Das Wasser ist gut und kann bedenkenlos getrunken werden.

Unübersehbar ist ein *Denkmal* im Park: der Stier. Geschaffen wurde es von Louis August Tuaillon (1862–1919), der als der wichtigste Bildhauer im spätwilhelminischen Berlin gilt. Einige seiner Werke sind dort heute noch zu sehen, so das Reiterstandbild auf dem Steubenplatz (Charlottenburg) und das Robert Koch-Denkmal auf dem gleichnamigen Platz an der Charité (Mitte).

Über das Kuren in Freienwalde schrieb einmal der Heimatdichter Julius Dörr:

... Nach der Wunderkur des Fürsten
Ging ein allgemeines Dürsten
Nach dem Brünnlein durch das Land
Alle Siechen, Krüppel, Lahmen,
Hämorrhoidarier kamen
Angehumpelt und gerannt.

Tranken es in ganzen Kübeln,
Schwitzten in den Badestübeln
Und genasen wundersam.
Blinde sahen wieder schneidig,
Und das Tanzbein schwang geschmeidig,
Wer auf Doppelkrücken kam ...

Kurfürstenquelle

Haus der Naturpflege
Dr.-Max-Kienitz-Weg 2
Fon (033 44) 35 82
Öffnungszeiten:
April bis Sept.
täglich 9.00–18.00 Uhr
Okt. bis März
Mo–Fr 9.00–16.00 Uhr

Aussichtstürme Galgenberg
und Bismarckturm
Öffnungszeiten:
April bis Okt.
Sa, So u. feiertags 11.00–17.00
Uhr und nach Vereinbarung
Fon Oberbarnimer Kulturverein
(033 44) 33 23 70

Aussichtsturm auf dem Galgenberg

Vom Moorbad aus ergeben sich gute Wandermöglichkeiten. Eine sei hier besonders hervorgehoben: (Karte S. 98)

Wanderung Moorbad – Baasee – Moorbad: ca. 12 km

Vom Moorbad aus geht der Weg etwa dreieinhalb Kilometer durch das malerische Brunnental. Das Tal, ein periglaziales Trockental, verdankt seinen Namen den vielen Quellen, die hier zutage treten. Jetzt biegen wir links ab und kommen wenig später zum so genannten Teller, einem Punkt, an dem mehrere Wege zusammenkommen. Wir halten uns rechts und erreichen wenig später den idyllischen Baasee. In der Nähe liegt der kleine Ort **Sonnenburg**. Das dortige Gutshaus gehörte eine Zeitlang Hitlers Außenminister Joachim von Ribbentrop, der hier Pferde züchtete. Vom Baasee aus führt der Siebenhügelweg nach Norden zurück. Am Querweg verlassen wir den Siebenhügelweg und biegen links ab. So erreichen wir erneut das Brunnental, in dem es wieder zum Moorbad zurückgeht.

Ein paar Tipps für Bad Freienwalde und die nähere Umgebung:

Für Natur- und Pflanzenfreunde von großem Interesse ist das *Haus der Naturpflege*. In einem 17.000 m² großen Garten finden sich über tausend verschiedene Wild- und Kulturpflanzen. Ob mit oder ohne Führung, man kann sich mit nützlichen Ratschlägen für den eigenen Garten eindecken oder einfach nur die Schönheit dieses Fleckchens Erde genießen. Ein Blockhaus beherbergt eine Naturschutzausstellung. Als Informationspunkt des Biosphärenreservates Schorfheide-Chorin fungiert das Haus der Naturpflege als südliches Eingangstor zum nahen Großschutzgebiet.

Naturschutzgebiete und -denkmale werden heute per Gesetz in ganz Deutschland mit der stilisierten Waldohreule auf goldgelbem Grund gekennzeichnet. Erwähnenswert ist, dass das Signet 1950 hier im Haus der Naturpflege vom damaligen Naturschutzbeauftragten des Kreises Oberbarnim Kurt Kretschmann ins Leben gerufen wurde. Seither im Osten Deutschlands allseits bekannt, ersetzt es nach einem Beschluss aller sechzehn Landesumweltminister inzwischen auch im Westen nach und nach das dortige grün-weiße Adler-Schild.

Ein Orientierungspunkt in der Bad Freienwalder Landschaft ist der *Aussichtsturm auf dem Galgenberg*, südlich der Stadt. Die Sicht vom 1879 erbauten Turm über Stadt und Bruch ist fantastisch und lässt die Mühen der Besteigung vergessen: Im Nordwesten erkennt man das Schiffshebewerk Niederfinow, im Norden taucht der bewaldete Rücken der Neuenhagener Insel auf, im Osten liegt einem das Oderbruch zu Füßen. Große gusseiserne Platten am Fuße des Turms erinnern an die Toten des Deutsch-

Dänischen (1864), des Deutschen (1866) und des Deutsch-Französischen Krieges (1870–71). Ein schöner Wanderweg führt vom Moorbad und die Kurfürstenquelle über den Gustav-Schüler-Weg, dem gelben Punkt folgend, zum Turm. Von der Innenstadt aus nimmt man Haupt-, Garten-, Goethe- und Melcherstraße, dort führt eine steile Treppe durch den Wald hinauf.

Einen zweiten Turm kann man etwa auf halbem Wege zwischen Bad Freienwalde und Falkenberg besuchen, den *Bismarckturm* auf dem Schlossberg. 1895 erbaut, ist er einige Jahre jünger als der Erstgenannte. Er steht auf den Resten der ehemaligen Burg Malchow aus dem 14. Jh., daher die Bezeichnung des Bergvorsprungs. 113 Stufen führen auf die knapp 25 Meter über Grund liegende Aussichtsplattform. Von der B 167 führt ein Waldweg zum Turm hinauf, das Schild „Bismarckturm" zeigt die Richtung.

Auf dem Weg zum Bismarckturm

Victor Blüthgen (1844–1920)
– ein fast vergessener Dichter

Geboren wurde Blüthgen in Zörbig. Im nahen Halle (Saale) ging er zur Schule und studierte Theologie. Als Hauslehrer besserte er anschließend seine Finanzen auf und unterstützte gleichzeitig seine Familie, die nach dem frühen Tod des Vaters in ärmlichen Verhältnissen lebte. Damals verfestigte sich seine Hinwendung zum Literarischen. Für seine Schüler schrieb er Märchen. Nach einer Zwischenstation in Wittenberg zog Blüthgen nach Elberfeld (heute zu Wuppertal), wo er auf Schriftsteller, Literaturhistoriker und Verleger traf. Diese Kontakte halfen ihm, sodass er 1876–77 die Leitung der Krefelder Zeitung übernehmen konnte. Jetzt wurden auch seine ersten eigenen Arbeiten publiziert.

Die Hochzeit mit der Apothekertochter Louise Schottmüller brachte Blüthgen im Alter von 37 nach Freienwalde. Weil die 70er-Jahre von zahlreichen literarischen Erfolgen gekennzeichnet waren, konnte er dort 1881 eine stattliche Villa erwerben (im Zweiten Weltkrieg zerstört). Er war zu Lebzeiten ein geachteter Lyriker, Schriftsteller und Autor von Kinderliteratur, der in der Freienwalder Zeit gut von Auftragsarbeiten leben konnte. Viele seiner Kindergedichte lesen wir noch immer mit einem amüsierten Schmunzeln auf den Lippen.

Die Kurstadt an der Alten Oder verlieh ihm die Ehrenbürgerwürde und benannte eine Straße nach ihm. Victor Blüthgen starb 1920 in Berlin. Beigesetzt wurde er in Freienwalde, das die Grabstelle seines Ehrenbürgers pflegt.

Es war ein niedlich' Zeiselein,
Das träumte nachts im Mondenschein:
Es sah am Himmel Stern bei Stern,
Davon war jedes ein Hirsekern.
Und als es geflogen himmelauf,
Da pickte das Zeislein die Sterne auf,
Piep – Wie war das im Traume so lieb!
Und als die Sonne beschien den Baum,
Erwachte das Zeislein von seinem Traum.
Es wetzte das Schnäbelchen her und hin
Und sprach verwundert in seinem Sinn:
„Nun hab ich gepickt die ganze Nacht
Und bin doch so hungrig aufgewacht!
Ping – Das ist mir ein närrisches Ding!"
Victor Blüthgen

Falkenberger Kirche

Amt Falkenberg-Höhe
Karl-Marx-Straße 2
16259 Falkenberg/Mark
Fon (03 34 58) 646 10
Fax -646 21
www.amt-fahoe.de

Wasserfall in Cöthen

IN UND UM FALKENBERG/MARK

Falkenberg/Mark ist der größte Ort der Gegend, wundervoll gelegen am steilen, etwa hundert Höhenmeter überwindenden Waldsaum der Barnim-Hochfläche. Ein schönes Beispiel preußischer Sakralarchitektur des 19. Jh.s blickt über das Dorf, die Falkenberger *Kirche*. Nachdem durch Blitzschlag 1817 große Teile des Ortes zerstört worden waren, baute man das Gotteshaus im Fachwerkstil wieder auf.

Ursprünglich war Falkenberg ein Fischerdorf, die Oder floss schließlich vor der eigenen Haustür entlang. Mit der Trockenlegung des Bruchs und der Verlegung des Flusses weiter nach Osten wandte man sich der Landwirtschaft zu. Eine wichtige Geschichtsmarke war die Anbindung an das Eisenbahnnetz 1866, ein Umstand, von dem die Falkenberger noch immer profitieren. Im Dorf sind einige schöne Villen und Bürgerhäuser aus der Gründerzeit zu sehen, Hinweis auf den einstigen Wohlstand des Ortes. Ein 1898 gegründeter Verkehrs- und Verschönerungsverein setzte sogar die Ernennung zum Luftkurort durch, und an diesen Erfolg von damals will man bald wieder anknüpfen.

Schon seit 1838 ein Ausflugsziel ist die Höhengaststätte *Carlsburg*. Ein grandioser Blick wandert von diesem „Balkon des Barnims" aufs Bruch, zum Schiffshebewerk, hinüber zur Neuenhagener Insel und nach Bad Freienwalde.

Ab 1721 unterstanden die Falkenberger dem Großgrundbesitzer von Jena, der in **Cöthen** sein Gut betrieb. Von Falkenberg führt eine Straße durch den Wald dorthin. Das Herrenhaus veränderte man in den 1950er-Jahren vollkommen, der *Park* aber ist noch erkennbar. Das *Wasserrad* am Cöthener Fließ, mit dem ein Pumpwerk angetrieben wurde, um die Wasserspiele auf dem Hof des Herrenhauses zu speisen, ist neu angelegt worden. Auch ein kleiner künstlicher *Wasserfall* aus der Zeit derer von Jena ist zu sehen.

Oderbruch und Barnimplateau bei Falkenberg

Zwei Kilometer nordwestlich von Cöthen liegt **Hohenfinow**. Am Rande des Barnims gelegen, ist der Ort im Vergleich zum Nachbarn Niederfinow mit dem nach ihm benannten Schiffshebewerk weniger bekannt. Dabei kam hier ein bedeutender deutscher Reichskanzler zur Welt, Theobald Friedrich Alfred von Bethmann Hollweg, der neben seiner Arbeit als Politiker in Hohenfinow als Gutsherr fungierte. Vom Herrenhaus ist nichts geblieben, es wurde 1961 abgerissen. Erhalten sind aber einige andere Bauten, so zwei *Torhäuser* und ein alter Speicher. Das Dorf mit seinem breiten baumbestandenen Anger, der *Kirche* und den alten *Gutsgebäuden* atmet noch ein wenig den Hauch alt-märkischer Zeiten.

Auf dem Gut Hohenfinow

Theobald Friedrich Alfred von Bethmann Hollweg (1856–1921) Kanzler in bewegter Zeit

Von Bethmann Hollweg wird 1856 auf dem elterlichen Gut in Hohenfinow geboren. Nach dem Abitur 1875 studiert er in Straßburg, Leipzig und Berlin Rechtswissenschaften. Sein beruflicher Werdegang ist durch und durch preußisch, führt kontinuierlich nach oben: zwischen 1886 und 1896 Landrat in seinem Heimatkreis, dann Oberpräsidialrat in Potsdam, Regierungspräsident in Bromberg/Provinz Posen, anschließend Oberpräsident der Provinz Brandenburg. 1905 wird er preußischer Innenminister und vier Jahre später ernennt ihn der Kaiser zum fünften Reichskanzler.

Außenpolitisch strebte Hollweg eine Verständigung mit Großbritannien an, ohne großen Erfolg. Den Kriegsausbruch 1914 nahm er weder begeistert noch siegesgewiss auf. Er glaubte zunächst, dass sich der Konflikt regional begrenzen ließe, was sich aber mit der russischen Mobilmachung im August 1914 als illusionär erwies. Den nationalistischen Kräften in Deutschland kaum gewachsen, war sein politischer Handlungsspielraum bis zum Ende seiner Amtszeit 1917 deutlich eingeschränkt. 1921 starb Hollweg in Hohenfinow. Er ist in der Familiengrabstätte auf dem Dorffriedhof begraben.

„Ein gewaltiges Schicksal bricht über Europa herein. Da wir für unser Deutsches Reich das Ansehen in der Welt erkämpften, haben wir 44 Jahre lang in Frieden gelebt und den Frieden Europas beschirmt. In friedlicher Arbeit sind wir stark und mächtig geworden und darum geneidet. Mit zäher Geduld haben wir es ertragen, wie unter dem Vorwande, dass Deutschland kriegslüstern sei, in Ost und West Feindschaften genährt und Fesseln gegen uns geschmiedet wurden. Der Wind, der da gesät wurde, geht jetzt als Sturm auf."

Aus der Rede des Reichskanzlers von Bethmann Hollweg vor dem Reichstag zum Ausbruch des 1. Weltkriegs am 4. August 1914

NIEDERFINOW UND DAS SCHIFFSHEBEWERK

Niederfinow ist zugleich Tor zum Nieder-Oderbruch und zum Eberswalder Urstromtal. Der Ort liegt in der Ebene am Fuße des Barnims, dessen gut sichbare Landschaftskante sich aus dem Bruch heraus in Richtung Hohenfinow erhebt.

Hubbrücke Niederfinow (o.), Kirche (re.)

Die verkehrsgünstige Lage bescherte dem Ort im Mittelalter eine städtische Entwicklung, die aber keinen Bestand haben konnte. Über die Region hinaus bekannt geworden ist Niederfinow in den 1930er-Jahren durch den Bau des Schiffshebewerks. Sehenswert in der Dorfmitte sind die *Hubbrücke* über den Finowkanal und die *Kirche*. Das Gotteshaus erhielt nach einem Brand im 18. Jh. seine heutige Form.

Schiffshebewerk Niederfinow
Hebewerkstraße 70
16248 Niederfinow
Fon (03 33 62) 215
Öffnungszeiten:
April bis Okt.
täglich 9.00–18.00 Uhr
Nov. täglich 9.00–16.00 Uhr

Das *Schiffshebewerk* liegt einige Kilometer weiter nördlich. Mächtig ragt der Stahlkoloss empor und es gibt wohl kaum jemanden, der sich der Faszination dieses technischen Meisterwerks entziehen kann. Seit 1934 – nach siebenjähriger Bauzeit – ersetzt der Schiffsfahrstuhl die alte Wassertreppe nebenan, die ab 1914 zeitaufwändig noch mit vier Schleusen arbeitete. Der Hub eines Schiffes dauert seither nur fünf, ein gesamter Schleusungsvorgang zwanzig Minuten – vor siebzig Jahren eine technische Revolution. Der Trog, in den die Schiffe einfahren, um gehoben, aber auch hinabgefahren zu werden, hängt an 256 Drahtseilen und wiegt sage und schreibe 4.300 Tonnen. Wasserverdrängung sorgt dafür, dass dieses Gewicht stets gleich bleibt, egal, ob nun ein Schiff drin ist oder nicht – physikalische Erkenntnis macht's möglich. Insgesamt nimmt der Koloss gut 150.000 Kubikmeter Raum in Anspruch, das heißt, er ist 60 Meter hoch, 27 Meter breit und 94 Meter lang. Trog und gleichschwere Gegengewichte halten sich die

Waage, sodass vier Elektromotoren mit insgesamt 220 PS genügen, um die Schiffe die 36 Meter zwischen Barnim-Hochfläche und dem Nieder-Oderbruch auf und ab zu bewegen.
Jährlich strömen tausende Besucher hierher, um voller Begeisterung dem Schauspiel des Schiffshebens beizuwohnen. Eine Treppe führt hinauf zum Oder-Havel-Kanal-Niveau. Eine lohnenswerte Anstrengung, denn von der umlaufenden Hebewerk-Galerie kann man den Schleusungsvorgang am besten einsehen. Hinzu kommt der Blick aus der Höhe in Richtung Oderbruch, zur Neuenhagener Insel und über die Wälder der Umgebung. Von Frühjahr bis Herbst sind am Schiffshebewerk Fahrgastschiffe unterwegs, Schleusungen inklusive. Die „Personenschifffahrt Oderberg“ (↗ auch Oderberg) verkehrt zwischen Oderberg und dem Parkplatz oberhalb der Schleusentreppe an der Straße nach Eberswalde (ca. 1,5 Std., retour ca. 3 Std.), die „Fahrgastschifffahrt Neumann“ startet zu ihren Kurztouren am Unterhafen-Anleger direkt am Schiffshebewerk (60–90 Min.).

Nur ein paar Schritte vom Hebewerk in Richtung Niederfinow kommen die Freunde des Senfes auf ihre Kosten. Zimmermanns Senf mischt die verschiedensten Geschmäcker unter die mehr oder weniger scharfen Körner. Eine Senf-Verkostung ist möglich – für Besucher, die regionale Produkte bevorzugen, ein Muss. Auch wenn die Senfkörner natürlich nicht von hier stammen, sondern aus Übersee.

Zimmermanns Senf
Hebewerkstraße 81
16248 Niederfinow
Fon (03 33 62) 707 13
Fax -704 84
www.niederfinower-senf.de

Vom Hebewerk ist es nur ein Katzensprung nach **Liepe**. Das lang gezogene Dorf schmiegt sich an den sanften Hang der eiszeitlichen Choriner Endmoräne. Naturräumlich haben wir damit den Barnim bereits verlassen. Einige alte Fachwerkhäuser erinnern an die Zeit der Fischer und Schiffer. Ihre Kirche mussten sich die Lieper 1954 neu errichten, nachdem ihr Fachwerkkirchlein aus dem 18. Jh. 1944 abgebrannt war. Wander- und Radwanderwege führen sowohl ins Nieder-Oderbruch als auch nach Norden in die waldreichen Hügel der Endmoräne, zum Krugsee oder bis nach Brodowin und dem Parsteiner See. Wegweiser führen zum Lieper Schöpfwerk, einem wassertechnischen Bau von 1895/96, der den Wasserstand im Bruch reguliert. Einen Besuch wert ist auch die Lieper Schleuse, gebaut 1767.

www.liepe-barnim.de

Schöpfwerk Liepe

ODERBERG

Malerisches Kleinstadt-Idyll an der Alten Oder

Informationen über Oderberg:
Reisebüro am Markt
Berliner Straße 89
16248 Oderberg
Fon u. Fax (03 33 69) 752 68
E-Mail:
reisebuero-oderberg@t-online.de

Amt Oderberg
Berliner Straße 89
16248 Oderberg
Fon (03 33 69) 709-10
Fax -709-48
amtsdirektor@amt-oderberg.de
www.amt-oderberg.de

Veranstaltungen in Oderberg:
Juli Fischer- und Schifferfest

Früher südlichste Stadt der Uckermark, heute ein Tor zum Biosphärenreservat Schorfheide-Chorin. Das 2.700 Einwohner zählende Oderberg an der Alten Oder besaß wegen seiner Grenzlage einst strategische Bedeutung. Markgraf Albrecht II. legte hier zu Beginn des 13. Jh.s eine Burg an, um das in Verbindung mit der mittelalterlichen deutschen Ostkolonisation erweiterte Herrschaftsgebiet vor den slawischen Pommern zu schützen. 1349 zerstörten Mecklenburger und Pommern die Festung, was dazu führte, dass man die Anlage auf der – heute Albrechtsberg genannten – Anhöhe nach 1355 aufgab. Zwei Jahre zuvor hatten zwei Adelsfamilien die Zusage erhalten, auf dem Oderwerder eine Feste zu errichten (Werder = Insel, was vor der Trockenlegung des Oderbruchs auf den Oderwerder auch zutraf). Diese sicherte den Oderübergang und diente der Zollerhebung. Noch über 250 Jahre später betonte der Große Kurfürst von Brandenburg die militärisch-strategische Bedeutung Oderbergs. Nachdem aber Pommern und die Odermündung 1720 endgültig an Preußen gefallen waren, begann der unaufhaltsame Abstieg von Burg und Stadt. Die Festung wurde größtenteils geschleift und die Steine zum Häuserbau verwendet. Mächtige mehrere Meter hohe Feldstein-Mauern dieser als *„Bärenkasten“* bezeichneten Anlage jenseits der Alten Oder sind jedoch erhalten geblieben. Um dorthin zu gelangen, geht man von der Brücke kommend den Kanal am südlichen Ufer entlang bis zum Odertal-Stadion. Beim Blick links über das Stadion hinweg sieht man dann schon von Weitem die Mauern inmitten einer Kleingartenkolonie.

Oderberg mit dem Albrechtsberg im Hintergrund

Durch die Verlegung des Flusses im Zuge der Oderbruch-Trockenlegung verlor Oderberg nicht nur die preußische Hauptzollstelle an Hohensaaten, zum Nachteil der Fischer versandete auch noch die Alte Oder. Bis dahin war Oderberg einer der wichtigsten Fischlieferanten für Berlin gewesen, der Fluss über Jahrhunderte unverzichtbare Einnahmequelle der Oderberger.
Wer mehr darüber erfahren möchte, besucht das *Binnenschifffahrtsmuseum*. Es ist nicht zu übersehen – mit dem 56 Meter langen *Seitenraddampfer „Riesa“* auf dem Uferstreifen der Alten Oder hat das Museum 1979 ein ausgefallenes Aushängeschild erhalten. Die 1897 in Dienst gestellte Riesa ist das größte Exponat der Ausstellung und kann besichtigt werden. Sie verkehrte mit bis zu 710 Passagieren – wie der Name vermuten lässt – nicht auf der Oder, sondern auf der weit tieferen Elbe. Die Freifläche zwischen der Riesa und dem Museum zeigt verschiedene Antriebsmaschinen und Wasserfahrzeuge. Im Gebäude selbst öffnet sich in vierzehn Räumen eine weitgefasste Ausstellung zu den verschiedensten Themen. Im Mittelpunkt stehen natürlich Fragen zur Entwicklung von Fischerei, Binnenschifffahrt, Wasser- und Schiffbau. Die Informationen reichen von Holzwirtschaft, Wohnen und Handwerk im 19. Jh. über die Besiedlungsgeschichte zwischen Mittelsteinzeit und Mittelalter bis zu geologischen Zusammenhängen, die hier im Osten Brandenburgs natürlich von der letzten Eiszeit bestimmt worden sind.

Seitenraddampfer „Riesa“

Mittelpunkt Oderbergs ist der schmucke *Marktplatz* mit seinem *Rathaus*. Überragt wird die Altstadt von *St. Nikolai*. Der neogotische Entwurf des 1853–55 ausgeführten Baus stammt von August Stüler (↗ Perleberg in Bd. Die Prignitz), einem der größten Architekten im Preußen des 19. Jh.s. Die alte Kirche war 1849 wegen Einsturzgefahr geschlossen und später abgerissen worden. Häufig hat man damals die Gotteshäuser geradezu in die Landschaft hineinkomponiert. St. Nikolai mit ihrem schlanken achteckigen Turm zeigt dies in beispielhafter Weise. Sehenswert auch das Innere mit der im Original erhaltenen neogotischen Ausstattung aus der Bauzeit.

Rund um Oderberg laden einige Aussichtspunkte zum Besteigen der eiszeitlichen Hügel ein. Links an der alten Schule vorbei – ein paar Meter nach Westen, nicht weit vom Marktplatz – führt eine steile Treppe zum bereits erwähnten *Albrechtsberg*. Westlich

Binnenschifffahrtsmuseum Oderberg
Hermannn-Seidel-Straße 44
16248 Oderberg
Fon (03 33 69) 470
Öffnungszeiten:
April bis Sept.
Di–Fr 10.00–17.00 Uhr
Sa, So, feiert. 13.00–17.00 Uhr
Okt. bis März
Di–Fr 9.00–16.00 Uhr
So, feiert. 13.00–16.00 Uhr

Personenschifffahrt GbR
Freienwalder Straße 14
16248 Oderberg, Fon u. Fax
(03 33 69) 752 69 u. Fon -461
www.schiffshebewerk.de
Hebewerkkurzfahrten April bis Okt. in Niederfinow an den Treppenschleusen stündl. 10.00–17.00 Uhr
Zusätzl. Fahrten von Mai bis Sept. ab Oderberg Anleger Stadtbollwerk 10.00 u. 14.00 Uhr und ab Hebewerk/Schleusentreppe tägl. um 12.00 u. 16.00 Uhr, Fahrradmitnahme nach Rücksprache ggf. möglich

der Altstadt, von der Straße nach Liepe zweigt ein Weg hinauf zum *Pimpinellenberg* ab. Von hier gleiten die Augen über den Oderberger See und das Nieder-Oderbruch bis zur Neuenhagener Insel und nach Bad Freienwalde.

Seit 1939 hat Oderberg fast ein Viertel seiner Einwohner verloren. Wirtschaftliche Standbeine wie der traditionelle Schiffbau sind verschwunden. Heute soll der Tourismus für neue Einnahmen sorgen. Der Oderberger Jachthafen eignet sich gut als Ankerpunkt auf dem Weg zur Oder und ins Stettiner Haff bzw. weiter in die Ostsee. Am *Anleger Stadtbollwerk* setzt die Oderberger Fahrgastschifffahrt zu dreistündigen Ausflügen zum Schiffshebewerk an. Sonderfahrten führen darüber hinaus zur Oder und in den Nationalpark Unteres Odertal (↗ in Bd. Die Uckermark).

Schleuse Hohensaaten

Auch als Ausgangspunkt für (Rad)Wanderungen ist Oderberg gut geeignet.

Ein Weg führt südlich der Alten Oder nach **Hohensaaten.** Vom Oder-Havel-Kanal kommende Schiffe gelangen hier durch die *Ostschleuse* in die Oder und passieren die *Westschleuse* in die Hohensaaten-Friedrichsthaler-Wasserstraße. Nördlich schließt sich der Nationalpark Unteres Odertal an.

Als *Radtour* zu empfehlen: ein Rundkurs über Bralitz und Schiffmühle nach Hohenwutzen, rund um die Neuenhagener Insel, weiter an Oder und Alter Oder zurück nach Oderberg (ca. 25 km).

Wen es in die Ferne zieht, der kann auf dem *Oder-Neiße-Radweg* bis nach Ueckermünde am Oderhaff fahren bzw. über Frankfurt (Oder) und Zittau bis ins böhmische Reichenberg (Liberec).

Der nahe *Übergang* in **Hohenwutzen** *nach Polen* bietet sich für einen Abstecher in die ehemalige Neumark an, etwa zum Mohriner See oder nach Königsberg (Chojna).

Blicken wir von Oderberg ein kleines Stück nach Süden zur „Neuenhagener Insel“. So nennt man seit Mitte des 18. Jh.s den von Oder und Alter Oder umflossenen zum Teil bewaldeten Hügel rund um **Neuenhagen**. Als flutgeschützte Anhöhe war diese eiszeitliche Endmoräne mit vorgelagerten Sandern schon zur Bronze- und Eisenzeit besiedelt.

Heimatstube im Fontane-Haus
Dorfstraße 3, 16259 Schiffmühle
Fon während der Öffnungszeiten (033 44) 33 37 73, sonst -57 85
Öffnungszeiten: April bis Sept.: Di–Do u. Sa, So 11.00–16.00 Uhr und nach Vereinbarung

Im schön am Südhang der „Insel“ gelegenen idyllischen **Schiffmühle** lebte einige Jahre bis zu seinem Tode Louis Henri Fontane (1796–1867), der Vater des berühmten Dichters Theodor Fontane. Dessen hübsches Fachwerk-Wohnhaus ist heute *Heimatstube*. Zu sehen gibt es hier neben Lokal- und Regionalgeschichtlichem ein Schiffsmühlen-Modell. Diese Mahlwerke waren, wie der Ortsname schon vermuten lässt, ganz typisch für Schiffmühle. Sie wurden auf Schiffen angebracht und bedienten sich zum Getreidemahlen, Holzsägen und Ölpressen bis ins 18. Jh. hinein der Wasserkraft der Oder.

Die Grabstätte das alten Fontane findet man in **Neutornow** auf dem *Friedhof* an der *Kirche*. Ganz in der Nähe, auf dem *Granitberg*, etwa siebzig Meter über der Ebene, genießt man eine herrliche Aussicht ins nördliche Bruch.

Radroute Bad Freienwalde – Falkenberg/Mark – Schiffshebewerk – Liepe – Bralitz – Neurüdnitz – Zollbrücke – Altreetz – Altranft – Sonnenburg – Bad Freienwalde: ca. 67 km (Karte S. 98) Wir fahren die Bahnhofstraße entlang nach Norden. Am Jungfernloch, einem kleinen See, biegen wir links in den Wendtshofer Weg ein. In Wendtshof geht es zunächst rechts, dann links. Jetzt parallel zur Alten Oder, um nach nicht ganz zwei Kilometern nach links einzubiegen. Wir kreuzen das Nieder-Oderbruch und kommen nach Falkenberg. Die Landstraße bringt uns nach Niederfinow. Es geht über die Hubbrücke, wo wir den Finowkanal überqueren. Die Straße knickt im Dorf scharf rechts ab und führt zum Schiffshebewerk und weiter nach Liepe. Dort folgen wir dem Wegweiser zum Lieper Schöpfwerk (rechts). Es geht über den Oder-Havel-Kanal, dann am Schöpfwerk vorbei, wo uns eine Holzbrücke auf die andere Seite der Alten Finow bringt. Kurz vor Bralitz führt eine weitere Brücke über die Alte Oder. Vom Schatten der Bäume begleitet, erreichen wir Neuenhagen. Hier halten wir uns rechts. In Grabow ist das nördliche Oderbruch in Sicht. Über die Kolonistendörfer Neuranft, Neuküstrinchen und Neurüdnitz kommen wir zur Oder. Auf dem Deich, die Oder links im Blick, fahren wir nach Zollbrücke. Eine zünftige Rast beim Ziegenhof, wo wir uns mit leckerem Ziegenkäse für die Weiterfahrt eindecken. Über Wustrow geht's nach Altreetz und zum dortigen Schulzoo. Über Neureetz erreichen wir Altranft mit seinem Freilichtmuseum. Wir kreuzen die B 167 und kommen nach Sonnenburg. Auf dem Siebenhügelweg geht es anschließend zurück nach Bad Freienwalde.

Neuenhagener Insel bei Grabow

DIE DÖRFER IM NÖRDLICHEN ODERBRUCH

Vor allem eine Silbe kennzeichnet viele Dörfer im nördlichen Oderbruch: NEU. Neugaul, Neureetz, Neuküstrinchen, Neurüdnitz, Neulietzegöricke ... ein Anhaltspunkt, dass sich hier nach der Oderbruch-Trockenlegung im 18. Jh. Kolonisten niederließen. Auch weit über zweihundert Jahre nach der Besiedelung ist dies heute noch an vielen Orten erkennbar.

In **Neureetz** etwa finden wir etliche *Kolonistenhäuser* aus dem 18. Jh. Um genau zu sein, müsste man sagen in Adlig-Reetz, denn Neureetz besteht im Kern aus zwei Siedlungen: Adlig-Reetz (der Straßenzug Ernst-Thälmann-Str.) und Königlich-Reetz (Straßenzug August-Bebel-Str.). Vor allem im ehemaligen Adlig-Reetz mit seiner planmäßig angelegten und gut erhaltenen *Dorfanlage*, den eingeschossigen Häusern und den gepflegten Vorgärten zeigt sich noch das historische Kolonie-Muster aus preußischer Zeit.

Die dumme Kuh von Neureetz

Das 19. Jh. war noch nicht sehr alt, da rückten die Truppen Napoleons auch ins Oderbruch ein. Die Menschen litten sehr unter der Besatzung und mussten mit ansehen, wie ihr Vieh abtransportiert wurde, um den Franzosen als Verpflegung zu dienen. Ein Kolonistenbauer aus Neureetz aber ersann sich eine List, um seine Kuh vor dem Zugriff der fremden Soldaten zu schützen. Er stellte das Tier in seinen Schuppen und schichtete so lange Holzscheite auf, bis die Kuh hinter einem runden Holzstapel verschwunden war. Doch wie sollte die Kuh verstehen, dass der Bauer sie retten wollte? Als ein paar französische Landser mit ihren Säbeln klirrend zum Hof kamen, wird sie geglaubt haben, die Bäuerin käme mit den Eimern zum Melken. Und so stimmte die Kuh ein freudiges Muhen an. Schnell hatten die Franzosen das Spiel durchschaut, rissen die Holzscheite ein und bemächtigten sich des Tieres. Die Moral von der Geschicht': Manchmal hilft dir Bauernschläue, doch dumme Kühe helfen nicht.

Ähnliches gilt für die Dorfstraße in **Neulietzegöricke** mit einigen erhaltenen *Fachwerkhäusern* und ganz besonders für den denkmalgeschützten Vierseithof (Hausnummer 81). Kleinod im Hof ist ein original erhaltenes *Taubenhaus*.

Zollbrücke

Nicht links liegen lassen sollte man **Zollbrücke**. Der Name erinnert an eine Brücke, die hier in alter Zeit den Fluss überspannte. Die idyllisch gelegene Siedlung „am Ende der Welt" duckt sich mit ihren kleinen Fachwerkhäusern malerisch ins Land am Oderdeich. Dahinter fließt der Strom in Richtung Stettiner Haff. Obwohl Zollbrücke sehr klein ist, existiert hier ein uriger *Gasthof*, ein geeigneter Rastplatz für (Rad-)Wanderer. Und noch eine Überraschung: das *Theater am Rand*. Zwei Schauspieler haben sich hier, fernab der großen weiten Welt, ihren Traum vom eigenen Theater verwirklicht. Die Spielstätte in einem alten Fachwerkhaus hat alles zu bieten, was ein richtiges Theater braucht: ansteigende Ränge, eine Bühne, einen roten Vorhang ... und natürlich Kunst. 55 Zuschauer finden für Schauspielerei, Musik oder Lesungen Platz.

Vor dem Dorf hat sich ein *Ziegenhof* angesiedelt und stellt mithilfe saftiger Oderbruchwiesen Ziegenmilchprodukte her. Bei einer Verkostung erweisen sich Ziegenkäse, -quark und -milch als sehr schmackhaft.

Eine *Heimatstube* mit Möbeln, Arbeitsgeräten und Alltagsdingen aus vergangenen Zeiten wartet in **Neurüdnitz** auf Besucher, dessen Schwesterdorf Alt-Rüdnitz jenseits der Oder heute Stara Rudnica heißt.

Einen Besuch wert ist auch **Altreetz**. Der kleine, 1986 gegründete *Schulzoo* beherbergt inzwischen etwa 350 Tiere, die sich auf 30 Arten verteilen.

Altranft ist ein Stadtteil von Bad Freienwalde. Das Dorf spiegelt als lebendiges *Freilichtmuseum* die Lebensweise vergangener Generationen wider. Zentraler Ausstellungsort ist das Schloss am nordöstlichen Dorfrand, das ab dem 16. Jh. in seiner heutigen Form entstand. Die Möbel in den diversen Räumen – Jagdzimmer, Gelber Salon, Schlafzimmer, Küche und Speisesaal – vermitteln ein Bild vom gutsherrlichen Leben des 19. Jh.s. Ganz anders die Galerie im Schloss. Hier geben wechselnde Ausstellungen einen Einblick in das heutige künstlerische Schaffen der Region. Das Museum gibt Malern, Bildhauern und anderen Krea-

Theater am Rand, Zollbrücke Nr.16
16259 Zäckericker Loose
Fon (03 34 57) 665 21
www.theateramrand.de

Ziegenhof Zollbrücke
Dorfstraße 75/OT Zollbrücke
16259 Zäckericker Loose
Fon u. Fax (03 34 57) 50 65
www.ziegenhof-zollbruecke.de

Heimatstube Neurüdnitz
Fon (03 34 57) 51 67
o. (03 34 56) 703 35
Öffnungszeiten:
Mo–Fr 9.00–14.00 Uhr

Schulzoo Altreetz e.V.
Schulgartenstraße 10, 16259 Altreetz
Fon (03 34 57) 51 20
www.altreetz-online.de

Kirche in Altranft

Brandenburgisches Freilichtmuseum Altranft
16259 Altranft/Schloss
Fon (033 44) 41 43-00, Fax -25
www.freilichtmuseum-altranft.de
Öffnungszeiten April bis Okt.:
Di–Fr 9.00–17.00 Uhr
Sa, So, feiert. 11.00–18.00 Uhr
Öffnungszeiten Nov. bis März:
Di–Fr 10.00–16.00 Uhr
Sa, So 11.00–16.00 Uhr

tiven aus dem Oderbruch und der polnischen Nachbar-Wojwodschaft Gelegenheit, ihre Werke öffentlich zu präsentieren.
Über Altranft verstreut findet man historische Bauten, die für das Museum liebevoll aufgearbeitet wurden. Dazu zählen unter anderem der Berg-Schmidt-Hof mit Wohnhaus, Stall, Scheunen aus mehreren Jahrzehnten des 19. Jh.s und einem Horizontalsägegatter, eine Schmiede (1910), ein Fischerhaus mit Schwarzer Küche (18. Jh.) und ein Spritzenhaus (1864). Empfehlenswert ist es, die historischen Gebäude mit ihren originalen Ausstattungsstücken von Innen zu sehen und so die bäuerliche Lebensweise authentisch zu begreifen. Treffpunkt für eine Führung ist das *Schloss*. In den Sommermonaten finden kontinuierlich etwa anderthalbstün-

digen Führungen statt (ohne Anmeldung). Das Freilichtmuseum hat sich über Brandenburg und Berlin hinaus in den vergangenen Jahren regelmäßig mit Aktionstagen in Erinnerung gebracht. Dann leben alte Handwerkstechniken wieder auf, es wird getöpfert und gesponnen, werden Körbe geflochten, Pferde beschlagen oder mit dem Dreschflegel Getreide gedroschen.

An die glaziale Geschichte des Oderbruchs erinnert ein *geologischer Lehrpfad* mit Gesteinen wie Granit, Gneis und Porphyr in einer Kiesgrube westlich der Bundesstraße 167, rechts der kleinen Pflasterstraße nach Sonnenburg. Informiert wird hier über die skandinawische Herkunft der Geschiebe, die zum Beispiel aus Gotland oder von den Åland-Inseln hierher transportiert wurden.

Aktionstage Mai bis Sept. letzter So im Monat u. Oster-/Pfingstmontag

Schloss Altranft

DAS MITTLERE UND SÜDLICHE ODERBRUCH

Ein Land im Fadenkreuz der Geschichte

Tourismusverband
Märkisch-Oderland e.V.
Postfach 28
15301 Seelow
Fon (033 46) 15 07 01
Fax -15 07 01
E-Mail:
tmol@reisen-maerkisch-oderland.de
www.mol-t.de

Einem grünen Lindwurm gleich zieht sich der Oderdeich von Südost nach Nordwest, lebensnotwendig für die Letschiner, Wriezener, Neuhardenberger und Gorgaster, die ohne diesen Schutzwall den regelmäßigen Oderhochwassern ausgesetzt wären. Jenseits des Stroms gleitet der Blick zu den Wäldern des Forstes Neumühl (heute Namyślin), nach Südwesten breitet sich der Flickenteppich des Bruchs aus, ducken sich die ehemaligen Kolonistendörfer in der Weite der Ebene.

Zehn bis fünfzehn Kilometer liegen zwischen der Oder und dem westlichen Bruchrand, kilometerweit flaches, weites Land. Doch die Ruhe trügt, denn 1945 wurde das mittlere und südliche Oderbruch zur Hölle. Hier begann der Kampf um Berlin, erlitten Menschen, Dörfer und Städte das unsägliche Elend des Krieges. Mahnung beiderseits der Grenze ... die Gedenkstätte Seelower Höhen hüben, das bis auf die Grundmauern zerstörte Küstrin (Kostrzyn) drüben.

Doch die Geschichte reicht über 1945 weit hinaus. Neuhardenberg mit seinem ersten und ältesten Friedrich-Denkmal in Preußen erinnert ebenso an den Alten Fritz wie die dankbaren Letschiner mit ihrem Königs-Standbild. Altfriedland und seine Klosterruine reicht gar in eine Zeit zurück, als man in der Mark mit Preußen noch nichts am Hut hatte. Das südliche Oderbruch hält viel Sehenswertes bereit.

Zwei Regionalbahn-Linien kreuzen das Bruch am Umsteigebahnhof Werbig. Weitere Bahnhöfe sind in Seelow, Letschin, Neutrebbin und Wriezen, in Gusow, Golzow, Gorgast und Küstrin-Kietz zu finden.

Sonnenblumenfeld

Stadtkirche St. Marien am Markt

WRIEZEN

Das Tor zum Oderbruch

Die Stadt Wriezen hat nach 1945 zweimal große Anstrengungen unternommen, die in den letzten Wochen des Zweiten Weltkriegs geschlagenen Wunden zu heilen. Der erste Wiederaufbau geht auf die Nachkriegszeit zurück, in der man vor allem dem Wohnungsbau seine Aufmerksamkeit schenkte. Nach 1989 ist dann die Innenstadt mit großem Aufwand ein zweites Mal erneuert worden und hat einen Teil ihrer verlorenen Lebensqualität zurückgewinnen können.

Bis 1945 verlief die Geschichte über Jahrhunderte hinweg recht vielversprechend. 1337 mit Stadtrechten ausgestattet, blühte lange Zeit der Getreide- und Fischhandel. Bis zur Oderverlegung durch Friedrich den Großen lag der Fluss vor den Toren Wriezens, heute ist er fast zwölf Kilometer Luftlinie entfernt. Dazwischen fruchtbares Ackerland, das aus Fischern Bauern werden ließ. Kolonisten wurden nicht nur in der Weite des Bruchs angesiedelt, auch Wriezen wuchs durch Einwanderer. Oderhochwasser bedeuteten zwar auch immer wirtschaftliche Tiefschläge, letztlich aber konnten sie der Stellung Wriezens als Hauptstadt des Oderbruchs nichts anhaben. Im 19. Jh. entwickelte sich der Ort zum Eisenbahnknoten und Industrieansiedlung sorgte für steigende Einwohnerzahlen. 1875 lebten etwa 9.000 Menschen hier, heute sind es noch gut 6.000, einschließlich der eingemeindeten Dörfer der Umgebung 7.500.

Das kleinstädtische Gepräge erfuhr gegen Ende des Zweiten Weltkriegs schwerste Zerstörungen. Etwa 85 Prozent der Gebäude samt Rathaus und St. Marien-Kirche gingen im Inferno von Granaten, Bomben und Brandschatzungen unter. Militärisch unsinnig die Entscheidung, die Stadt zur Festung zu erklären, um den Fall

Tourismusverein
„Wriezen – Tor zum Oderbruch"
Bahnhofstr. 27 (im Wasserturm)
16269 Wriezen
Fon u. Fax (03 34 56) 717 39
E-Mail:
wriezen-tours@t-online.de
www.wriezen.de
Veranstaltungen in Wriezen:
Osterfest
Sept./Okt. Herbstfest

Wilhelmstraße in Wriezen

Ev. Pfarramt Wriezen
Friedrich-Fröbel-Straße 1
16269 Wriezen
Fon (03 34 56) 349 22

Alte Malzfabrik

Galerie „Zur alten Malzfabrik"
Kanalstraße; Informationen Tourismusverein Fon (03 34 56) 717 39

Waldbad in Wriezen, nördlicher Stadtausgang links der B 167
Mai bis Sept.: 8.00–20.00 Uhr

Berlins aufzuhalten – menschlich eine Tragödie: alle Bewohner Wriezens mussten ihre Heimatstadt verlassen. Der Nutzen war gleich null und bedeutete für die historische Stadt fast den Untergang. Am 19. April 1945 wurde Wriezen schließlich von sowjetischen Truppen eingenommen.

Der Krieg war vorbei, der Wiederaufbau erfolgte im Stil der Zeit. 1996 hat man die Hauptgeschäftsstraße, die Wilhelmstraße, zu einer Fußgängerzone umgestaltet. Überragendes Bauwerk ist die Ruine der *Stadtkirche St. Marien* am Markt. Sie wurde im 15. Jh. durch großzügige Erweiterungen zu einer dreischiffigen gotischen Hallenkirche umgebaut. Das Südschiff ist in den 1950er-Jahren als abgeschlossener Kirchenraum für Gottesdienste wieder hergerichtet worden. Hier finden sich auch noch Originalgewölbe. Der restliche Baukörper von St. Marien ist baulich gesichert und man kann die Ruine innen besichtigen. Den Schlüssel gibt's beim Pfarrer. Aber auch ohne Zutritt ermöglichen die Fensterdurchbrüche freie Sicht in den offenen Innenraum. Die Besteigung des Turms ist möglich – der Blick reicht bis hinüber zu den bewaldeten Hügeln auf polnischer Seite. Es gibt Bestrebungen, St. Marien wieder aufzubauen. Wann dieses Vorhaben umgesetzt wird, steht aber noch in den Sternen über dem Oderbruch. Die erforderlichen finanziellen Mittel müssen enorm sein, wie ein Blick auf das zerstörte Kirchenschiff beweist.

Eine alte *Malzfabrik* von 1858 ist in den 1990er-Jahren zu Stadtmuseum und Galerie umgebaut worden. Neben der ständigen heimatgeschichtlichen Sammlung werden Wechselausstellungen gezeigt. Feste Öffnungszeiten gibt es leider nicht. Informationen erteilt der Tourismusverein.

Noch drei Tipps zu Wriezen, allesamt nördlich der Innenstadt zu finden.

Um zum *jüdischen Friedhof* zu gelangen, einem der größten in der Mark, biegt man hinter der Tankstelle von der Freienwalder Straße rechts in den Kastanienweg ein, kurz darauf wieder links. Der Friedhof wurde 1730 außerhalb der Stadt angelegt und besteht aus über 130 gut erhaltenen historischen Grabsteinen. Sie erzählen die Geschichte jüdischen Lebens im Oderbruch, das im Dritten Reich gewaltsam erlosch – auch in Wriezen brannte 1938 die Synagoge.

Im städtischen *Wildgehege* werden auf etwa zehn Hektar Reh-, Dam-, Muffel- und Schwarzwild gehalten. Das Gelände ist jederzeit zugänglich und ermöglicht die Beobachtung der Tiere in weitläufigen naturnahen Gehegen.

Schließlich noch das Wriezener *Waldbad* am nördlichen Stadtausgang westlich der Bundesstraße 167. Es zählt zu den wenigen Naturbadestellen im Oderbruch.

Dr. Nobutsugu Koyenuma – Helfer in der Not

Auf dem Schützenplatz steht ein Dr. Nobutsugu Koyenuma gewidmetes modernes Denkmal, geschaffen vom japanischen Maler und Bildhauer Tatsuhiko Yokoo.

Noch gibt es Wriezener, die den japanischen Arzt kannten, der in der Zeit größter Not den Menschen im Oderbruch zur Seite stand und etlichen das Leben rettete. Wriezen erklärte ihn 1994 posthum zum Ehrenbürger, sein Grab befindet sich auf dem Friedhof an der Kirchhofstraße.

Nobutsugu Koyenuma wird am 9. Oktober 1909 in Tokio geboren. Von 1928 bis 1934 studiert er Medizin an der Tokioter Universität. Er lässt sich jedoch nicht als Arzt nieder, sondern befasst sich als wissenschaftlicher Mitarbeiter an der Universität mit strahlenbiologischen Fragestellungen. 1937 kommt Koyenuma als Regierungsstipendiat nach Deutschland, an die Friedrich-Wilhelms-Universität (heute Humboldt-Universität), wo er als wissenschaftlicher Assistent in der Strahlenforschung arbeitet. Kurz vor Kriegsende wird er ausgebombt und nach Eberswalde evakuiert.

Im September 1945 holt ihn der sowjetische Bezirkskommandant Schubatin nach Wriezen. Seuchen wie Ruhr und Typhus haben sich unter der ausgezehrten Bevölkerung verbreitet und Koyenuma ringt auf der Typhusstation im heutigen Rathaus – kaum mit dem Nötigsten ausgestattet – um jedes Leben. Er selbst steckt sich schließlich mit Typhus an und stirbt mit 36 Jahren am 8. März 1946. Der Traum von der Rückkehr in die Heimat muss somit unerfüllt bleiben.

Nördlich von Wriezen, in **Altgaul** direkt an der B 167, steht ein restaurierter *Ziegelbrennofen* aus dem 19. Jh. Auf dessen Spitze findet sich alljährlich ein Storchenpaar ein. Die Oderregion bietet den großen Zugvögeln wegen ihrer Feuchtgebiete alljährlich aufs Neue gute Bedingungen, sodass man durchaus Chancen hat, bei einem Besuch des Bruchs häufiger auf Störche zu stoßen. Das Storchenmuseum im Brennofen ist leider geschlossen worden. Ob es jemals wieder eröffnet wird, bleibt wegen fehlender finanzieller Ausstattung fraglich (Information Tourismusverein Wriezen).

Ziegelbrennofen

www.barnim-oderbruch.de
Heimatstube Neulewin
Öffnungszeiten: April bis Okt.
Sa, So u. feiert. 14.00–16.00 Uhr
oder nach tel. Voranmeldung
Fon (03 34 52) 32 15 o. -33 88

Heimatstube Bliesdorf
Fon (03 34 56) 20 55

Kirche in Kunersdorf

Neulewin, östlich von Wriezen mitten im Bruch gelegen, besitzt eine sehenswerte *Heimatstube*, eingerichtet in einem bäuerlichen Fachwerkhaus von 1885. Einst wohnten hier zwei Landarbeiterfamilien eng zusammen – auf fünfzig Quadratmetern teilten sie sich sechs Räume. Wenig Platz für zehn oder zwölf Leute, genug Fläche für eine interessante Ausstellung mit Handwerks- und Haushaltsgeräten aus zwei Jahrhunderten. Auch die Geschichte des Kolonistendorfes Neulewin wird hier nachgezeichnet.

Der Sammelleidenschaft einer Einheimischen verdankt auch **Bliesdorf** südlich von Wriezen seine *Heimatstube*. Darin zu sehen: Wohnstube, Küche und Schlafgemach aus Urgroßmutters Zeiten und allerlei Utensilien, die das Leben unserer Vorfahren begleitet haben.

Kommen wir nach **Kunersdorf**. Wahrzeichen des Ortes ist seine moderne *Kirche*. Der barocke Vorgänger war 1945 stark in Mitleidenschaft gezogen worden, sodass man 1951–55 ein neues Gotteshaus baute. Das runde Kirchenschiff ist eine architektonische Besonderheit im Oderbruch. Nebenan, auf dem *Friedhof*, lohnt ein Blick auf die Grabkolonnaden derer von Lestwitz, von Itzenplitz und von Oppen. In den neun halbkreisförmigen, von Säulen eingefassten Nischen finden sich wertvolle Arbeiten verschiedener klassizistischer Bildhauer, darunter Johann

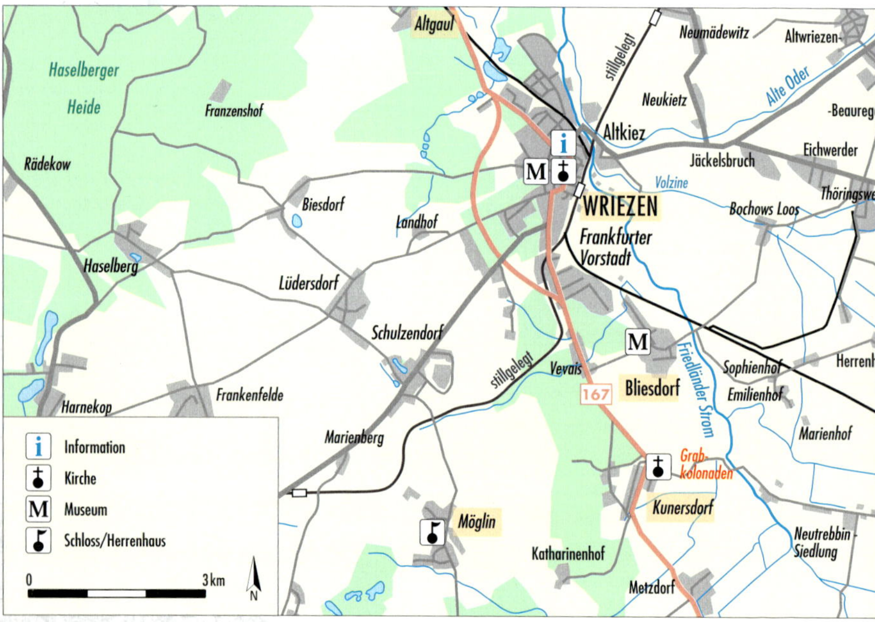

Grabkolonnaden in Kunersdorf

Gottfried Schadow (1764–1850), Christian Daniel Rauch (1777–1857) und Christian Friedrich Tieck (1776–1851). Davor befinden sich die mit Steinplatten abgedeckten Grabstellen.

Alttrebbin und **Neutrebbin** bieten sich als weitere Abstecher an. Beide Dörfer spiegeln preußische Vergangenheit wider. Alttrebbin tut dies mit seinem *Schul- und Bethaus* von 1820. Im Oderbruch kommt die Doppelnutzung von Kirche und Schule häufiger vor, geschuldet zum einen der geringen Größe der Dörfer, zum anderen der eingeschränkten finanziellen Mittel. Neutrebbin zeigt wie auch Letschin (↗) mit einem *Denkmal* Sympathie für den königlichen Oderbruch-Gönner Friedrich II. Anders als in Letschin muss sich Neutrebbin aber mit einem 1994 eingeweihten Nachguss des 1904 aufgestellten Standbildes begnügen. Das Original verschwand Anfang der 50er-Jahre auf Nimmerwiedersehen. Neutrebbiner sollen es aber nicht gewesen sein, es heißt, die politisch motivierten Diebe seien aus Buckow in der Märkischen Schweiz gekommen.

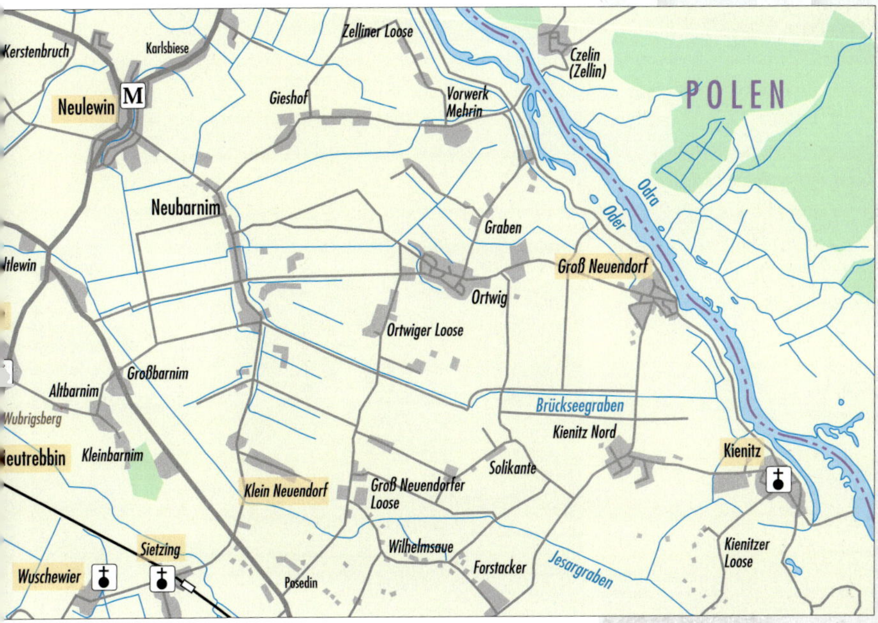

NEUHARDENBERG

Juwel des Oderbruchs

Auch wenn Neuhardenberg mit seinem breiten ungewöhnlich lang gezogenen Anger wie ein Kolonistendorf des 18. Jh.s aussehen mag ... der Ort ist schon über 650 Jahre alt; die Ersterwähnung datiert auf das Jahr 1348. Mit dem Namen Neuhardenberg hat es seine besondere Bewandtnis. Zunächst hieß das Dorf Quilitz, erst ab 1815 Neu-Hardenberg – in Anlehnung an den preußischen Reformer, Staatskanzler und neuen Gutsherrn im Dorf Karl August Fürst von Hardenberg. 1949 hatte man mit Preußen und „Feudalherren" nichts mehr im Sinn, aus Neu-Hardenberg wurde Marxwalde – eine Randnotiz der Geschichte, denn die politische Wende in Deutschland brachte dem Oderbruch-Dorf 1990 seinen alten Namen zurück, nun ohne Bindestrich... und Karl Marx, so wird berichtet, sei ohnehin nie hier gewesen. Der denkmalgeschützte Anger trägt gleichwohl noch immer seinen Namen.

Neuhardenberg ist eine Perle unter den Dörfern Brandenburgs. Häuser, Schloss mit Park und Kirche verleihen dem Ort etwas Unverwechselbares. Hier bündeln sich preußische Geschichte und Architektur wie unter einem Brennglas.

Beschränken wir uns bei der Betrachtung von Neuhardenberg auf zwei Adelsfamilien, wissend, dass im 17. und 18. Jh. auch markgräflicher Sohn und Enkel der zweiten Frau des Großen Kurfürsten Kurfürstin Dorothea hier lebten. Neuhardenberg – damals noch Quilitz – ging 1763 als Schenkung des Königs an den preußischen Offizier Joachim Bernhard von Prittwitz. In der Schlacht bei Kunersdorf östlich von Frankfurt (Oder) – heute polnisch und Kunowice genannt – erlitt Preußen 1759 gegen österreichisch-russische Verbände die verheerendste Niederlage des Siebenjährigen Krieges. Friedrich überlebte nur dank Prittwitz', der ihn vor der Gefangennahme durch die Kosaken bewahrte.

Ausstellungen Kavaliershaus Ost
Schinkelplatz
15320 Neuhardenberg
Fon (03 34 76) 60 07 50
E-Mail:
info@schlossneuhardenberg.de
www.schlossneuhardenberg.de
Öffnungszeiten:
Mi–So 11.00–19.00 Uhr

Brennerei und Hotel:
Fon (03 34 76) 600-0, Fax -800

Besichtigung Schloss:
während der kalendar. Sommerzeit
So 14.00–18.00 Uhr, Führungen
14.30, 16.00 u. 17.30 Uhr
Weitere Seiten im Internet:
www.amt-neuhardenberg.de
www.neuhardenberg.org

Schloss Neuhardenberg

Prittwitz nimmt Erweiterungen an Schloss Quilitz vor, behält aber die Eingeschossigkeit bei. Erst Fürst von Hardenberg macht sich kurz vor seinem Tod zu Beginn der 1820er-Jahre an die aufwändige Umgestaltung zu einer repräsentativen zweigeschossig-klassizistischen Anlage. Auch er hat Quilitz (von Friedrich Wilhelm III.) als Schenkung bekommen, nachdem die Herrschaft zuvor 1811 an die preußische Krone zurückgefallen war. Hardenberg beauftragt Karl Friedrich Schinkel mit dem Umbau. So wie dieser es damals plante und realisierte, sehen wir es im Großen und Ganzen heute noch vor uns. Mehrere Gebäude ergänzen das *Schloss* und sollen hier nicht unerwähnt bleiben, darunter *die Orangerie, die Brennerei* sowie die zwei der Dreiflügelanlage vorangestellten und den Platz zur Straße hin einrahmenden *Kavaliershäuser*, Letztere noch aus prittwitzscher Zeit. Jüngst errichtete Neubauten fügen sich harmonisch in das historische Ensemble ein – Bausünden der Nachkriegszeit hat man abgetragen. Erhalten blieb ein auf dem Vorplatz angelegter russischer Soldatenfriedhof.

Orangerie

Weil Carl-Hans Graf von Hardenberg, wegen Erbschaft seit 1921 Herr auf Neuhardenberg, 1944 an den Vorbereitungen für das Hitler-Attentat beteiligt war, wurde der Familienbesitz im Oderbruch noch im Dritten Reich mit Beschlag belegt. Nach der Rückübertragung in den 90er-Jahren kaufte der Deutsche Sparkassen- und Giroverband die geschichtsträchtige Immobilie. Es folgten aufwändige Sanierungen von Schloss und Nebengelassen. Hotel und Gastronomie ergänzen heute die historisch wertvolle Anlage. Ein ausgesuchtes Kulturprogramm mit Musik, Theater, Lesungen und Ausstellungen zieht inzwischen Gäste von weither an. Sie alle, so ist zu vermuten, können sich dem Charme dieses Ortes am Rande des Oderbruchs kaum entziehen. Dazu trägt auch der *Schlosspark* bei, der vor allem an Sommerwochenenden von zahlreichen Besuchern durchstreift wird. Zwei berühmte Gartengestalter wirkten am Park mit: Peter Joseph Lenné (↗ in Bd. Die Uckermark S. 61) und Hermann Fürst von Pückler-Muskau (1785–1871). Wichtigstes Gestaltungsmerkmal ist der *Teich*, in

Blumengarten am Schlosspark

Denkmal zu Ehren Friedrichs des Großen

dem sich – je nach Stellung des Betrachters – mal das Schloss und mal das *Denkmal zu Ehren Friedrichs des Großen* spiegelt. Je weiter man sich von hier entfernt, umso mehr verschmelzen die bewusst geschaffenen Baumgruppen und die große Wiese mit der dahinter beginnenden Landschaft.

Das 1792 aufgestellte *Marmor-Denkmal* für den toten König drückt die Verehrung aus, die von Prittwitz Friedrich dem Großen entgegengebracht haben muss. Zu erkennen: der Kriegsgott Mars und Minerva, die Göttin der Künste und der Wissenschaft. Beide lehnen an eine Säule, die mit einem Reliefporträt des Königs versehen ist. Als Lenné für die Parkgestaltung herangezogen wurde, war diese anmutige Skulptur schon etwa dreißig Jahre alt. Der „Verschönerungs-Plan des Schlossgartens zu Neuhardenberg" und der daraus hervorgegangene Landschaftspark im englischen Stil gehören zu Lennés Frühwerk. Pückler hat ergänzend einige Veränderungen durchgeführt. Er selbst berichtete einmal, er habe die Landschaft durch Wegnahme einer Allee in den Park integriert und so dem Gelände die Weite der märkischen Landschaft hinzugefügt. Und das angeblich gegen den Willen des Schlossherrn. Pückler war mit Lucie, der Tochter des Staatskanzlers Hardenberg, verheiratet, so wird die Einmischung des kunstbeflissenen Schwiegersohns in die Parkgestaltung verständlich. Pückler, der auch im Babelsberger Schlosspark (↗ Bd. Potsdam) gewirkt hat, gilt als großer Romantiker unter den deutschen Grünplanern des 19. Jh.s. In Branitz bei Cottbus und in Bad Muskau schuf er seine beiden Meisterwerke der Gartenkunst.

Außerhalb des Parks gelegen, aber mit ihrem Turm dennoch gelegentlich Sichtachsen komponierend, gehört die klassizistische Neuhardenberger *Kirche* zum festen Bestandteil der gesamten Dorfanlage. Nachdem ein Brand 1801 fast ganz Quilitz in Asche gelegt hatte, musste ein neues Gotteshaus her. Nach 8 Jahren war das Werk nach einem Entwurf Schinkels vollbracht. Er führte auch 1817/18 im Auftrag Hardenbergs weitere Umbauten durch, wie das kleine Mausoleum an der Ostwand, 1823 realisiert. Hier fand der Staatskanzler seine letzte Ruhestätte. Sein Herz ruht dagegen im Kirchenaltar – so wie er es seinerzeit verfügt hat. Außergewöhnlich im Innern ist der Sternenhimmel an der Decke. Angeblich war es Mozarts Zauberflöte, die Schinkel zu dieser Ausmalung inspiriert haben soll.

Kirche in Neuhardenberg

... abschließend noch ein Wort zu einem weiteren preußischen Denkmal, dem *Obelisken* an der Kirche. Errichtet wurde er 1843 in Erinnerung an König Friedrich Wilhelm III. und den Staatskanzler von Hardenberg. 1960 ließ man ihn niederreißen und ein paar steinerne Reste im Wald verschwinden. 1998 wurde der Obelisk unter Verwendung einiger dieser alten Teile nach historischem Vorbild rekonstruiert und als Geschenk des Sparkassen- und Giroverbandes neu aufgestellt. So steht er heute wieder im Dorf und fügt sich als weiterer Stein ins Mosaik der reichen Neuhardenberger Geschichte.

In einem kleinen Fachwerkhaus hat der örtliche Heimatverein ein *Heimathaus* eingerichtet. Die kleine Ausstellung vermittelt Wissenswertes über Brauchtum in Neuhardenberg und das Oderbruch.

Heimathaus Neuhardenberg
Karl-Marx-Allee 97
Fon u. Fax (03 34 76) 504 30
Öffnungszeiten: Mo–Do 9.00–12.00 u. 13.00–16.00 Uhr, Fr. 9.00–11.00, Sa u. So 13.00–17.00 Uhr u. nach Vereinb.
E-Mail: info@neuhardenberg.org
www.neuhardenberg.org

Zwei Neuhardenberger machen Geschichte

Mit ***Karl-August Fürst von Hardenberg*** *wurde aus Quilitz Neu-Hardenberg. Für die märkische Landkarte ein wichtiger Federstrich, bedeutender aber sind die politischen Leistungen dieses Mannes. Geboren wird er 1750 in Essenrode bei Gifhorn. Nach dem Studium der Rechts- und Staatswissenschaften tritt er in den hannoverschen Staatsdienst ein. Es folgt 1790 der Wechsel ins Amt des preußischen Ministers für Ansbach und Bayreuth. Mit Erfolg betreibt er die Eingliederung der zwei neuen süddeutschen Besitzungen ins Königreich Preußen. 1804 ernennt ihn der König zum Außenminister. Die Zeiten sind schwierig – in seine Amtszeit fällt der Sieg Napoleons über Preußen. Auf Druck des Franzosen wird Hardenberg 1807 entlassen. 1810 zum preußischen Staatskanzler gekürt, wandelt sich Preußen unter seiner Regierung zu einem modernen Staat. Er führt die Gewerbefreiheit ein, säkularisiert den Kirchenbesitz, sorgt für die Gleichstellung der Juden, forciert die Befreiung der Bauern von Frondiensten ... Nach dem Sieg über Frankreich vertritt er Berlin auf dem Wiener Kongress und setzt im größer gewordenen Preußen eine effiziente Verwaltungsstruktur durch. Wenn es nach Hardenberg ginge, Preußen würde noch weitaus moderner, liberaler, aber die Konservativen im Staat verhindern sein ehrgeiziges Projekt. Er stirbt 1822 in Genua, in Neuhardenberg findet er seine letzte Ruhe.*

Carl-Hans Graf von Hardenberg*, Urgroßneffe des Staatskanzlers, wird 1891 in Glogau/Schlesien geboren. Er schlägt nach dem Abitur die Militärlaufbahn ein, kämpft im Ersten Weltkrieg an der Westfront. Er wird 1919 aus dem Dienst entlassen, bewirtschaftet ab 1921 die geerbte Standesherrschaft Neu-Hardenberg. Seine politische Sicht der Dinge ist konservativ-national, doch den aufkeimenden Nationalsozialismus lehnt er ab. Im Zweiten Weltkrieg muss auch er die Uniform wieder überziehen, wird persönlicher Adjutant des Oberbe-*

fehlshabers der Heeresgruppe B von Bock, unter dessen Befehlsgewalt nach dem Einmarsch in die Sowjetunion Kriegsgräuel verübt werden. Hardenberg wird Zeuge und es ist glückliche Fügung, dass auch er mit der Abberufung Bocks 1942 in die Heimat zurückkehren kann. Dort schließt er sich dem Widerstand gegen Hitler an; Schloss Neu-Hardenberg wird konspirativer Treffpunkt für die Vorbereitung des Attentats. Im Falle von Hitlers Tod soll Hardenberg Oberpräsident und damit Verwaltungschef der Provinz Brandenburg werden. Dazu kommt es nicht. Nach dem fehlgeschlagenen Attentat scheitert ein Selbstmordversuch, er wird ins KZ Sachsenhausen gebracht, das er nur mit viel Glück überlebt. Schloss Neu-Hardenberg wird noch vor Kriegsende beschlagnahmt, nach 1945 im Zuge der Bodenreform enteignet. Carl-Hans stirbt 1958 in Frankfurt am Main. Erst 1991 kann seinem Wunsch entsprochen werden: An seinem hundertsten Geburtstag wird seine Urne nach Neuhardenberg überführt und dort beigesetzt.

Ruine des Zisterzienser-Nonnenklosters

Verein Langes Haus Altfriedland e. V.
Hauptstraße 23
15320 Altfriedland
Fon (03 34 76) 509 57
ornithologische und Kloster-Führungen sowie Ausstellungen, Heimatstube und Kräutergarten

Veranstaltung in Altfriedland:
1. Wochenende im Aug. Fischerfest

Nördliches Nachbardorf von Neuhardenberg und ebenfalls historisch bedeutsam ist **Altfriedland**. Es liegt landschaftlich reizvoll eingebettet in eine kleine Seenplatte mit *Kietzer See* im Osten, *Klostersee* im Westen und etlichen Fischteichen. Der Name des Klostersees weist auf die einstige Bedeutung des Dorfes hin. Unweit der heutigen Badestelle stehen am Ufer die Überreste eines *Zisterzienser-Nonnenklosters*, vor weiterem Verfall durch ein Holzdach geschützt. Gegründet im 13. Jh., hatte das Kloster bis zur Säkularisation im 16. Jh. Bestand. Die letzten Nonnen mussten 1568 das Gelände verlassen. In den darauf folgenden Jahrhunderten bestimmten verschiedene Nutzungen und schließlich Verfall das Schicksal der alten Gemäuer. Anders als etwa die märkischen Klöster Lehnin und Chorin, wurden die Altfriedländer Backsteingebäude im 19. Jh. nicht in Stand gesetzt. Erhalten blieben bis heute ein Kreuzgangflügel mit Kreuzrippen-

gewölbe und das Refektorium (Speisesaal) mit einem bemerkenswerten auf schlanken Säulen ruhenden Sterngewölbe. Ein anderes Schicksal war der Klosterkirche vergönnt, wenngleich auch sie zunächst dem Verfall preisgegeben wurde. In den 1730er-Jahren aber bauten die Altfriedländer sie zu ihrer Pfarrkirche aus, nachdem die Stadtkirche baufällig geworden war (Der Ort wurde im 13.–16. Jh. als Städtchen/ oppidum bezeichnet). Im Gegensatz zum Kloster gibt sich das ehemalige Zisterzienser-Gotteshaus als Feldsteinbauwerk zu erkennen. Jünger – datiert auf das 19. Jh. – ist der Turm, an dessen Entwurf Karl Friedrich Schinkel beteiligt war. Ursprünglich sollte ein Doppelturm entstehen, der aber nicht zur Ausführung kam. 1936–39 wurde das Haus erneut restauriert und so erinnert nur noch wenig an die Klosterkirche von einst.

Klosterkirche Altfriedland
Öffnungszeiten:
täglich 14.30–15.00 Uhr
Fon (03 34 76) 509 75

Das Dorf und seine zahlreichen Seen sind Teil des Naturparks Märkische Schweiz. Gespeist werden die gemäß EU-Richtlinie als Europäisches Vogelschutzgebiet ausgewiesenen Gewässer vom Stobber, einem Flüsschen, das die Märkische Schweiz zur Oder hin entwässert. Abgesehen vom Klostersee sind die Altfriedländer Teiche eine 1965–72 künstlich geschaffene Landschaft zum Zwecke der Karpfenzucht. Insgesamt 19 Teiche wurden damals durch Dammaufschüttung geflutet, der größte davon – der *Kietzer See* – bringt es auf immerhin 200 Hektar Größe. Mit den Jahren erwuchs hier der Vogelwelt ein ideales Brut- und Nahrungsrevier. Vom Aussterben bedrohten Arten wie See- und Fischadler bot sich ein gedeckter Tisch, Schwarz- und Weißstorch siedelten sich an, ebenso wie verschiedene Enten- und Möwenarten ... und nicht zu vergessen der schillernde Eisvogel. Im Herbst machen alljährlich viele tausend Gänse Rast. Eine *Beobachtungskanzel* nordöstlich von Altfriedland legt einem die Teichlandschaft zu Füßen. Es empfiehlt sich zur Beobachtung des regen Treibens auf dem Wasser und in der Luft ein Fernglas dabei zu haben. Ein weiterer Aussichtspunkt findet sich in Karlsdorf am Storchenschornstein.

An den Altfriedländer Fischteichen

Südlich von Neuhardenberg liegt **Wulkow**, nicht zu verwechseln mit dem Dorf gleichen Namens bei Lebus (↗ in Bd. Märkische Schweiz, Land Lebus…). Wulkows Sehenswürdigkeit ist das mächtige *Herrenhaus*. Es ist seit 1992 in Privatbesitz und nach umfassender Renovierung seit 1994 als „Parkhotel Schloss Wulkow“ inzwischen beliebter Treffpunkt für Hochzeitsgesellschaften.

Herrenhaus in Wulkow

LETSCHIN

Amt Letschin
Bahnhofstraße 30 a
15324 Letschin
Fon (03 34 75) 60 59-0
E-Mail: kontakt@letschin.de
www.letschin.de
Veranstaltungen:
Juli Spinnerfest in Sophienthal
Aug. Hafenfest in Kienitz
Sept. Kunstmarkt in Wilhelmsaue

„Letschin im Oderbruch, Kirchdorf mit 3.500 Seelen und Residenz zweier dort stationierter Gendarmen, hängt durch Vermittlung eines so genannten Rippenbrechers von Postwagen nur lose mit der zivilisierten Welt zusammen"
Theodor Fontane, 1847 in einem Brief

Denkmal Friedrichs des Großen

Letschin ist der einzige Ort inmitten des Bruchs, der ein wenig städtischen Charakter besitzt. Zudem gehört Letschin zu den ältesten Dörfern der Region – immerhin datiert die erste urkundliche Erwähnung auf 1336. Das Leben der ansässigen Bauern war hart, Überschwemmungen machten immer wieder Ernten zunichte, verwüsteten Haus und Hof. Mit der Trockenlegung des Bruchs im 18. Jh. wandelte sich die Rolle des Ortes. Letschin erhielt zunehmend Bedeutung als Versorgungsmittelpunkt für die Kolonistendörfer. Der von Johann Gottlieb Koppe im 19. Jh. (↗ in Bd. Der Spreewald S. 84) betriebene Zuckerrübenanbau brachte den Bauern der Umgebung gute Erträge, was auch Letschin, seinen Handwerkern und Händlern zugute kam. Der Bahnanschluss 1876/77 nach Wriezen und Seelow brachte weitere Veränderungen mit sich und relativierte Theodor Fontanes Auslassung über Letschin und die zivilisierte Welt (siehe Randspalte).

1945 wurde Letschin ein Opfer schwerer Kampfhandlungen. Es lag inmitten der Frontlinie und erlitt schwere Verwüstungen. Die damaligen Schäden sind jedoch für den Besucher kaum auszumachen, nicht zu übersehen ist lediglich der Verlust des Kirchenschiffs, dessen Ruine man in den 1970ern beseitigte. Nur der markante, 1818/19 errichtete und 2002 sanierte, *Kirchturm* im neogotisch-norddeutschen Stil reckt sich noch auf dem Anger – von Weitem sichtbar – als mahnende Erinnerung in den Oderbruchhimmel. Baumeister war der aus Neuruppin stammende, große preußische Architekt des 19. Jh.s Carl Friedrich Schinkel. Und noch etwas hat Letschin mit Neuruppin gemeinsam: Theodor Fontane, ebenfalls gebürtiger Neuruppiner, lebte Mitte des 19. Jh.s gelegentlich bei seinen Eltern und arbeitete auch in der väterlichen Letschiner Apotheke (↗ in Bd. Ruppiner Land S. 23 u. 26). Kaum verwunderlich, dass die Letschiner Zeit in einigen seiner Werke Einzug gehalten hat, allen voran in der Kriminalgeschichte „Unterm Birnbaum", wo Fontane die Region nachzeichnet und von einem „großen und reichen Oderbruchdorfe Tschechin" spricht.

Wer Letschin besucht, kommt am Alten Fritz nicht vorbei. Eine Gaststätte heißt „Zum Alten Fritz", die befindet sich in der „Friedrichstraße" und ein übergroßes *Denkmal* erinnert an den preußischen König. 1905 ließen die Dorfbewohner das Standbild errichten. Nach dem Zweiten Weltkrieg passte Friedrich nicht mehr ins politische Konzept und von höherer Ebene erging der Befehl, den König zu beseitigen. Letschiner Standhaftigkeit ist es zu verdanken, dass das Denkmal in einem Versteck überlebte und seit 1990 wieder an seinem angestammten Platz steht.

Mehr zur Geschichte des Dorfes und der Lebensweise vergangener Zeiten erfährt man in den *Heimatstuben* am Birkenweg, eingerichtet im einstigen Armenhaus von 1838, das man nach einem Feuer 1999 originalgetreu wieder aufgebaut hat.

Wer in Letschin Lust auf etwas Herzhaftes hat, geht zu Wolter's. Der Familienbetrieb besteht seit 1934 und ist der regionale Spezialist für saure Gurken. Auch wenn hier schon tausende Tonnen Gurken gewaschen, eingelegt und abgefüllt worden sind, gerne verkauft man auch kleine Ein-Kilo-Eimer (oder auch mehr) an Touristen.

Brechen wir auf zu einer Reise in die Dörfer rund um Letschin. Das denkmalgeschützte **Wilhelmsaue** empfängt Besucher mit der letzten von einst über hundert Bockwindmühlen des Oderbruchs, die das Landschaftsbild für eine lange Zeit entscheidend prägten. Die *Mühle* wird als Außenstelle vom Freilichtmuseum in Altranft (↗) betrieben. 1880 erbaut, war sie bis 1964 in Betrieb und ist heute ein technisches Denkmal, in dem gelegentlich wieder gemahlen wird. Wie durch ein Wunder überstand sie den Zweiten Weltkrieg. Sehenswert auch die putzige *Fachwerkkirche* von 1830 und das gemütliche Wilhelmsauer Gasthaus.

Nicht weit von Wilhelmsaue liegt **Sietzing**, 1756 als Kolonie auf den so genannten Sietzingwiesen gegründet und anfangs Carlsfelde genannt. Hübsch ist die kleine *Fachwerkkirche* von 1803; der Turm wurde 1883 errichtet.

Letschiner Heimatstuben
Birkenweg 1,
Fon (03 34 75) 507 97
Öffnungszeiten:
Di u. Fr 9.00–12.00 u.
14.00–18.00 Uhr,
Do 9.00–12.00 Uhr
Sa u. So 14.00–17.00 Uhr
und nach Vereinbarung

Wolter's Saure Gurken
Feldstraße1, Fon (03 34 75) 456
www.sauregurken.de

Bockwindmühle Wilhelmsaue
Fon (03 34 75) 502 91
www.wilhelmsaue.de
Öffnungszeiten: April bis Okt.:
Fr–So 10.00–17.00 Uhr, Di–Do
Nov. bis März: auf Voranmeldung
Pfingstmontag Mühlentag

Sietzing Fachwerkkirche

Schul- und Bethaus in Wuschewier

Noch auf die Zeit Friedrichs des Großen geht das puppenstubenhafte *Schul- und Bethaus* in **Wuschewier** zurück. Beispielhaft zeigt es die damalige Verbindung von Einfachheit und Funktionalität. Gebaut wurde es 1764 im Fachwerkstil. Vor einigen Jahren hat man das Haus mit historischen Techniken unter Verwendung von Lehm, Sand und Stroh restauriert. Hübsch im Dorf auch die Blütenpracht der vielen liebevoll gepflegten Vorgärten.

Kolonistenhaus in Klein Neuendorf

Ein sehenswertes Dorf ist **Klein Neuendorf**, das in seiner historischen Anlage noch deutlich als Kolonistensiedlung zu erkennen ist. An der schnurgeraden Straße reihen sich einige schmucke *Fachwerkhäuser* auf.

Kienitz und Groß Neuendorf liegen direkt am Oderdeich. **Kienitz** machte 1945 von sich reden, weil es im Januar der Roten Armee hier erstmals gelang, am westlichen Ufer der zugefrorenen Oder einen Brückenkopf zu bilden. Ein *Panzer* mitten im Dorf lässt erahnen, wie sich die Kienitzer damals gefühlt haben müssen. Die wundersame Beschaulichkeit der Landschaft im Angesicht des Stromes taucht diese Vergangenheit in ein surreales Licht. Trotz der Verheerungen des Zweiten Weltkriegs ist den Kienitzern ihre *Dorfkirche* erhalten geblieben, sie konnte größtenteils wieder hergestellt werden.

Oder bei Groß Neuendorf

(zur Orientierung siehe auch Karte S. 104 f.)

Groß Neuendorf, einige Kilometer flussabwärts, war wie Kienitz Haltepunkt der 1910-12 gebauten Oderbruchbahn. Für Groß Neuendorf erwies sich diese Bahn als besonders vorteilhaft, weil es dank Hafen und *Speichergebäuden* ein wichtiger Umschlagplatz für Gemüse und Getreide war. Die Bahnlinie wurde 1966 eingestellt, Hafen und Speicher existieren noch.
Alle Sehenswürdigkeiten im Dorf sind gut ausgeschildert. Eine Besonderheit ist der *jüdische Friedhof* mit gut erhaltenen Grabsteinen im Nordwesten. Eine Informationstafel erinnert hier an die jüdische Geschichte des Dorfes.
Zur Rast bei Kaffee und Kuchen oder zu einer deftigen Mahlzeit laden die Groß Neuendorfer Landfrauen die Oderbruch-Reisenden in ihr Café in der Dorfmitte.

Speichergebäude in Groß Neuendorf

Die Schlangen im Oderbruch

In alter Zeit, als das Bruch noch nicht trockengelegt war und die Oder sich hundertfach teilte und in ihren kleinen und größeren Flussbetten durch die Ebene rann, gab es überall Schlangen. Doch anders als im Spreewald (↗ in Bd. Der Spreewald, S. 25) fürchteten die Menschen sich nicht vor ihnen. Sie gestatteten es sogar, dass die Schlangen in den warmen Ecken der Häuser, bei Öfen und Herden, Unterschlupf nahmen. Anstatt die Tiere zu vertreiben, lockten die Menschen im Oderbruch die Schlangen mit Gebeten und Sprüchen hervor. Dann setzten sie ihnen Speisen zum Fraß vor. Wenn die Schlangen das Essen verschmähten und zurückkrochen, so bedeutete dies großes Unglück. Wenn aber die Mahlzeit angenommen wurde, freuten sich die Bewohner, wussten sie doch, dass ihnen gute Zeiten ins Haus standen.

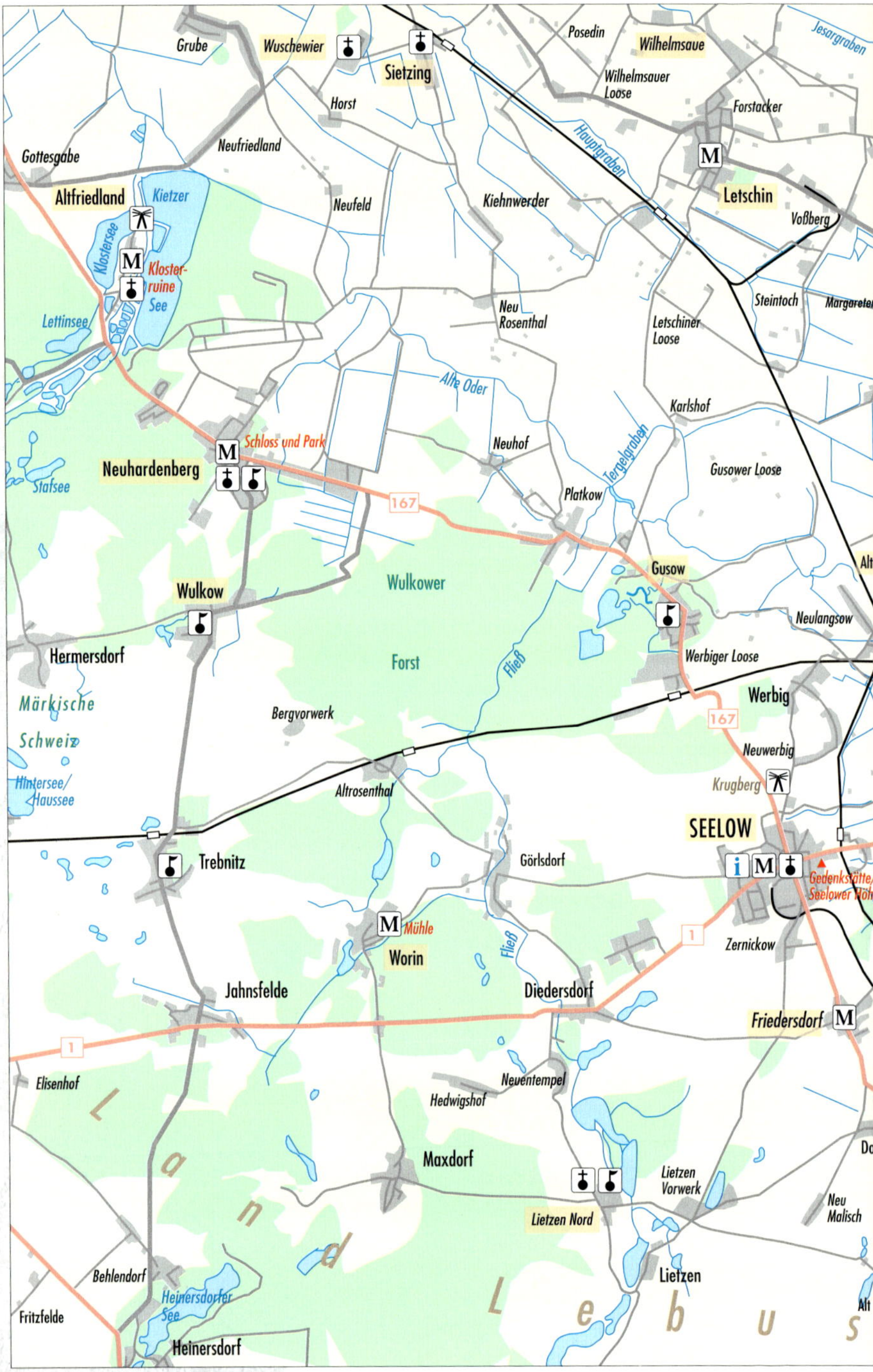
Grube
Wuschewier
Sietzing
Posedin
Wilhelmsaue
Jesargraben
Wilhelmsauer Loose
Horst
Forstacker
Hauptgraben
Gottesgabe
Neufriedland
Letschin
Altfriedland
Kietzer
Neufeld
Kiehnwerder
Voßberg
Klostersee
Kloster-ruine
See
Steintoch
Margareten
Lettinsee
Neu Rosenthal
Letschiner Loose
Alte Oder
Karlshof
Schloss und Park
Neuhof
Neuhardenberg
Tergelgraben
Gusower Loose
Stafsee
Platkow
167
Alt
Gusow
Wulkower
Wulkow
Neulangsow
Forst
Werbiger Loose
Hermersdorf
Fließ
Werbig
Märkische
Bergvorwerk
167
Schweiz
Neuwerbig
Hintersee/
Haussee
Krugberg
Altrosenthal
SEELOW
Trebnitz
Görlsdorf
Gedenkstätte
Seelower Höh
Mühle
Fließ
1
Zernickow
Worin
Jahnsfelde
Diedersdorf
Friedersdorf
1
Elisenhof
Neuentempel
Hedwigshof
Do
Maxdorf
Lietzen Vorwerk
Lietzen Nord
Neu Malisch
Behlendorf
Lietzen
Heinersdorfer
See
Fritzfelde
Heinersdorf
Alt
Land Lebus

Information
Kirche
Museum
Schloss/Herrenhaus
Aussichtspunkt
Radwanderweg S. 124
0
4 km
N
POLEN
Mysla
Kałensko (Kalenzig)
Sydowswiese
Eichenhof
Alte Oder
Nieschen
Odra
Oder
Zechiner Loose
Henriettenhof
Zechin
Genschmar
Genschmarer Loose
Szumiłowo (Alt-Schaumburg)
L. Drzewice
Os. Drzewice (Alt-Drewitz)
KOSTRZYN (KÜSTRIN)
Friedrichsaue
Wilhelminenhof
Schäferei
Neudrewitz
Bleyen
Golzower Loose
Gemeinde Küstriner Vorland
Festungs-ruine Küstrin
Alte Oder
Kuhbrücke
Küstrin-Kietz
Golzow
Heimstätten-siedlung
Gorgast
Fort Gorgast
Güst
Manschnow
Neu Tucheband
1
Herzershof
Ługi Górzyckie (Bhf. Göritz)
Alt Tucheband
Neu Manschnow
112
LUBUSKIE
Hakenow
Rathstock
stillgelegt
Alte Oder
Sachsendorfer Loose
Sachsendorf
Reitwein
Hathenow
Podelziger Loose
stillgelegt
Reitweiner Sporn
Bullergraben
Werder
Wilhelmshöhe
Górzyca (Göritz)
Neu Podelzig
Libbeninchen
Am Kreuzweg
Owczary
Wuhden
Reitweiner Loose
167
Podelzig
Hudenberg 66,1
Carzig
Mallnow
Klessin

SEELOW

Höhenstadt mit Weitblick

Touristinformation Oderbruch e. V.
Mittelstraße 10, 15306 Seelow
Fon (033 46) 84 98-08, Fax -07
E-Mail: seelow-tours@t-online.de
www.seelow.de
www.amt-seelow-land.de

Veranstaltungen in Seelow:
3. Juni-Wochenende Autocross
Aug. Kultursommernacht
1. Sept.-Wochenende Stadtfest
3. Advent Weihnachtsmarkt

„Alte Dampfbäckerei"
Kirchstraße 1, Fon (033 46) 800 02
Öffnungszeiten:
Mo–Do 8.00–16.00
Fr 8.00–14.00 Uhr, o. n. Vereinb.

Kreiskulturhaus Seelow
Erich-Weinert-Straße 13
Fon (033 46) 278, Fax -85 39 04

Die Stadt liegt oberhalb des Oderbruchs westlich der Seelower Höhen, war demzufolge in ihrer langen Geschichte, die bis ins 13. Jh. zurückreicht, nicht wie andere Städte von den Hochwassern der Oder betroffen. Umso mehr litt Seelow unter vom Menschen verursachten Katastrophen. Mehrfach wurde es im 17., 18. und 19. Jh. durch große Brände zerstört, und schließlich sollte es im 20. Jh. ein tragisches Opfer des Zweiten Weltkriegs werden. 1945 fiel ein Teil der Altstadt in Trümmer. Der Name Seelow erinnert seither an das tragische Ereignis der „Schlacht um die Seelower Höhen", bei der 50.000 Soldaten ihr Leben verloren, bevor nur wenige Wochen später Berlin von der Roten Armee eingenommen wurde.

Lange schon ist Seelow Kreisstadt, ab 1863 des Kreises Lebus, dann ab 1950 des Kreises Seelow. 1993 konnte es sich bei der Neugliederung der Verwaltungsgrenzen im neu geschaffenen Kreis Märkisch-Oderland gegen Bad Freienwalde und Strausberg behaupten.

Das Gesicht Seelows hat sich nach 1990 stark gewandelt. Die Innenstadt präsentiert sich wieder mit einem weitgehend harmonischen Bild, seitdem neue Häuser die Lücken schließen. Die 1830–32 unter Beteiligung Schinkels errichtete klassizistische *Stadtpfarrkirche* erhielt 1998 ihren 1945 gesprengten Turm zurück und verleiht Seelow wieder seine traditionelle Silhouette. Die gelungene Sanierung der wenigen vorhandenen Altbauten zeigt sich an der *ehemaligen Dampfbäckerei* in der Kirchstraße. Die Industriearchitektur aus der Mitte des 19. Jh.s ist heute städtische Begegnungsstätte und offene Keramikwerkstatt. Immer wieder werden hier auch Ausstellungen organisiert.

Unter Denkmalschutz steht auch das *Seelower Kulturhaus*, ein klassischer DDR-Bau der Fünfzigerjahre (1955–57), wie er ähnlich in vielen Städten zwischen Ostsee und Erzgebirge zu finden

Blick vom Krugberg bei Seelow

ist. Aus dem Kulturleben der Stadt ist das vor einigen Jahren renovierte Haus nicht mehr wegzudenken.
Vor den Toren der Stadt lohnt ein Abstecher zum *Krugberg* (auf der B167 nach Norden, am Stadtende rechts Richtung Werbig). Wer genau hinsieht, erkennt schon von Weitem auf der Anhöhe einige imposante *Skulpturen*, Ergebnis eines Bildhauersymposiums von 1992. Zu deren Füßen breitet sich die Ebene des Oderbruchs aus, herrlich kann der Blick bis zu den bewaldeten Oderhängen auf polnischer Seite schweifen.

Im Frühjahr, in den Monaten April und Mai, laden die *Oderbruch-Hänge* zwischen Seelow und Lebus zum Blütenfest der Adonisröschen ein (adonis vernalis). Das kräftig gelb blühende, unter Naturschutz gestellte Hahnenfußgewächs liebt die sonnigen, trocken-warmen Rasenflächen mit Steppencharakter und setzt zu wundervollem Farbenrausch an. Man sollte sich aber mit dem Anschauen begnügen und die Pflanzen nicht beschädigen (↗ in Band Märkische Schweiz, Land Lebus…S.57).

Stadtkirche Seelow
Führungen nach Anmeldung im Pfarramt, Fon (033 46) 80 59 10

Gedenkstätte/Museum Seelower Höhen

Von Januar bis April 1945 tobte im Oderbruch die letzte große Schlacht des Zweiten Weltkriegs auf deutschem Boden. 12.000 deutsche, 33.000 sowjetische und 5.000 polnische Soldaten kamen dabei ums Leben – Zahlen, die offenbaren, welch unermessliches Leid sich in diesem beschaulichen Landstrich damals ereignete. Nachdem die Seelower Höhen am 18. April genommen waren, ließ die deutsche Kapitulation keinen Monat mehr auf sich warten.
Die Gedenkstätte/Museum Seelower Höhen hält die Erinnerungen wach an die Geschehnisse kurz vor Ende des Zweiten Weltkriegs. Wahrzeichen des Memorials ist das 1945 aufgestellte Denkmal des russischen Bildhauers Lew Kerbel. Zu Lew Kerbels Werken zählen auch die Karl Marx-Denkmäler in Chemnitz und auf dem Moskauer Theaterplatz sowie das Ernst Thälmann-Denkmal in Berlin-Prenzlauer Berg. Beteiligt war Kerbel auch am Sowjetischen Ehrenmal in Berlin-Tiergarten. Das Seelower Denkmal stand schon fast dreißig Jahre, als man sich entschied, in direkter Nähe eine Gedenkstätte aufzubauen. In Verbindung mit einem sowjetischen Soldatenfriedhof und den auf dem Außengelände angeordne-

Gedenkstätte/Museum Seelower Höhen
Küstriner Straße 28a
15306 Seelow
Fon (033 46) 597, Fax -598
Öffnungszeiten Di–So:
April bis Okt. 10.00–17.00 Uhr
Nov. bis März 10.00–16.00 Uhr
E-Mail: gedenkstaette-seelower-hoehen@kultur-in-mol.de
www.kultur-in-mol.de

ten Fahrzeugen und Waffen ergibt sich ein bedrückendes Mahnmal an einem authentischen Ort. Die Ausstellung im Museumsgebäude zeichnet die Schlacht zwischen der 9. Deutschen Armee und der 1. Weißrussischen Front nach; ein 15-minütiger Diavortrag ergänzt die zahlreichen Karten, Fotos und Exponate. Doch die Seelower Höhen wollen nicht nur dokumentieren. Sie verstehen sich als Bindeglied und Stätte der Begegnung zwischen Deutschen, Polen und Russen und den anderen Nationen, die sich 1945 im Oderbruch feindlich gegenüber standen.

Schloss Gusow, Schlossstr. 7, 15306 Gusow, Fon (033 46) 87 25
Öffnungszeiten:
Di–So 10.00–18.00 Uhr
Okt. bis März
Di–Fr nur bis 17.00 Uhr
www.schloss-gusow.de

In der Nachbarschaft von Seelow liegen einige sehenswerte Ziele. Beginnen wir mit **Gusow**, zu erreichen auf der Bundesstraße 167, etwa fünf Kilometer nach Norden. Hier ist ein Privatmann seit mehreren Jahren dabei, einem historisch bedeutsamen *Herrenhaus* neuen Glanz zu verleihen. Außen ist dies schon sehr gut gelungen, für die Innenräume, aber auch für den Park, wird man wohl noch einige Jahre benötigen. Schloss Gusow, wie es genannt wird, ist ein recht imposanter Bau in der Tradition englischer Landsitze. Nach dem 30-jährigen Krieg erbaut, wurde es immer wieder dem Zeitgeschmack angepasst, zunächst barock, dann klassizistisch und schließlich 1870–73 neogotisch. Die Neogotik samt ihrer typischen Türme und Zierzinnen ist gut zu erkennen. Bedeutendster Eigentümer der Herrschaft Gusow war Generalfeldmarschall Georg Freiherr von Derfflinger (1606–95, ↗ Hakenberg in Bd. Das Havelland, S. 14), der dem Großen Kurfürsten in mehreren Schlachten gegen die Schweden zum Sieg verhalf, darunter auch in der berühmten Schlacht bei Fehrbellin. Das Schloss beherbergt ein *Zinnfigurenmuseum*. In den Dioramen sind Szenen nachgestellt, die von der Zeit der Dinosaurier bis in die jüngere Vergangenheit reichen. Klassische Konzerte und Vorträge mit historischen Themen finden das gesamte Jahr über ebenfalls statt.

Schul- und Bethaus Altlangsow
Lindenstraße 6, 15306 Altlangsow
Fon u. Fax (033 46) 84 43 43
Öffnungszeiten: März bis Okt.:
Mi–So 13.00–17.00 Uhr
oder nach Vereinbarung

In **Altlangsow**, etwa fünf Kilometer nordöstlich von Seelow, steht ein besonders schönes Exemplar der für das Oderbruch so typischen *Schul- und Bethäuser*. Die Trennung von Kirche und Staat wurde im 19. Jh. noch nicht so genau genommen wie heute ... Das von Karl Friedrich Schinkel entworfene Fachwerkgebäude geht auf das Jahr 1832 zurück. Es besteht aus Betsaal, Klassenraum und Lehrerwohnung. Architektonisch interessant ist der Kirchenraum. Trotz der geringen Größe teilt er sich mithilfe von Säulen in Hauptschiff und zwei Seitenschiffe. Bis 1974 wurde hier tatsächlich gebetet, dann – mit fehlender Nutzung – setzte der Verfall ein. In den 80er- und 90er-Jahren wurde das Altlangsower Schmuckkästchen zu neuem Leben erweckt. Dank eines Fördervereins hat sich das Schul- und Bethaus zu einem kulturellen Treffpunkt im Oderbruch entwickelt. Ausstellungen, Lesungen und kleine Konzerte bereichern von Frühjahr bis Herbst das künstlerische Leben der Region.

Ähnliches lässt sich auch von **Friedersdorf** sagen, zu finden ungefähr zwei Kilometer von Seelow entfernt, an der B167 nach Süden. Ein *historischer Getreidespeicher* dient hier als kulturelles Zentrum mit Ausstellungen, Theater, Lesungen, Workshops und Konzerten. Aber schon der 1891/1922 in zwei Etappen errichtete Speicher selbst ist als beeindruckendes technisches Denkmal eine Besichtigung wert. Er verfügt – vom Erdgeschoss bis zum 5. Boden – über sechs Ebenen, den Keller nicht mitgezählt. Bis 1990 wurde hier in erster Linie Getreide gelagert. Ein ausgeklügeltes, noch gut erhaltenes Transportsystem mit Fallrohren und Elevatoren sorgte für die Verteilung des Getreides im Speicher (detaillierte Darstellung im Internet). Alle Ebenen werden kulturell genutzt, so kann es vorkommen, dass verschiedene Ausstellungen zu gleicher Zeit zu sehen sind.

Worin einige Kilometer westlich von Seelow, schon auf der Höhe des Landes Lebus, hat ebenfalls mit Getreide zu tun, hier wurde der Roggen und Weizen aber nicht eingelagert, sondern geschrotet und gemahlen. Das romantische Ensemble aus *Mühle, Vorderhaus und Stallgebäuden* steht auf einem Mühlenstandort, der schon für über sechshundert Jahre nachgewiesen ist. Bis 1972 war die Woriner Mühle in Betrieb, seit 1992 kümmert sich ein örtlicher Verein um sie. Mithilfe von Fördergeldern wurde ein Kleinod geschaffen, das zu den schönsten Ausflugszielen der Region zählt.

Gut erhalten ist die technische Einrichtung im Innern mit zwei Mahlgängen. Drei Ebenen sind hier mit verschiedenen Getrieben, Wellen und Schächten untereinander verbunden – eine wahre technische Meisterleistung aus der Wende zum 20. Jh. Gleich mehrere Dauerausstellungen vermitteln ein Bild vom einstigen Landleben. Neben der Mühle selbst, der Gesellen- und Müllerwohnung gewähren eine Fotoausstellung zur letzten Müllerfamilie, die Ausstellung „Vom Korn zum Brot“ und eine weitere ganz allgemein zur Geschichte der Landwirtschaft zahlreiche interessante historische Einblicke.

Kunstspeicher Friedersdorf

Kunstspeicher Friedersdorf
an der B 167
Frankfurter Straße 39
15306 Friedersdorf
Fon u. Fax (033 46) 84 38 56
E-Mail: kunstspeicher-friedersdorf@t-online.de
www.kunstspeicher-friedersdorf.de
Öffnungszeiten:
April bis Mitte Okt.
Mi–So 11.00–18.00 Uhr
Mitte Okt. bis März
Di 9.00–17.00 Uhr,
Mi u. Do 9.00–15.00 Uhr
u. nach Vereinbarung

Mühle in Worin

Bis etwa 1900 trieb die vorbeifließende Lechnitz – ein Bach, der bei Gusow in die Alte Oder mündet – ein Wasserrad an. Danach ersetzte man die Wasserkraft durch einen Dieselmotor, den man seinerseits 1940 gegen einen Elektromotor eintauschte. Die Lechnitz wurde in den 1970er-Jahren im Zuge der Flurbereinigung verlegt, das Wasserrad jüngst historisierend angebracht.

Wassermühle Worin
Lößnitzstraße 20, 15306 Worin
Kontakt: Frau Krause
Fon (03 34 77) 355 o. -43 56
Fax -52 52
E-Mail: seifert-worin@t-online.de
www.woriner-wassermuehle.de
Öffnungszeiten:
Di–Do 9.00–16.00 Uhr
Fr 9.00–11.00 Uhr
Sa, So u. feiert. 14.00–17.00 Uhr
Pfingstmontag Mühlentag

Folgt man von Seelow kommend der Bundesstraße 1 weit nach Osten, gelangt man zur polnischen Grenze. **Küstrin-Kietz** war bis 1945 westlich vorgelagerter Stadtteil von Küstrin, der alten preußischen Residenz- und Festungsstadt am Zusammenfluss von Warthe und Oder. Die historische Innenstadt von Küstrin, als Kostrzyn nach dem Zweiten Weltkrieg – zusammen mit der gesamten Neumark – Polen zugeschlagen, wurde 1945 vollkommen zerstört. Blickte man früher von Kietz hinüber nach Osten, sah man hinter den alten Festungsmauern die Linien einer prächtigen Altstadt mit den Türmen von Marienkirche und Schloss. Der Krieg löschte diese in Jahrhunderten gewachsene Silhouette am Horizont hinter der Oder für immer aus. Die Frontlinie ging Anfang 1945 mehrmals über Küstrin hinweg. Übrig blieben Trümmer und es schien, als habe Küstrin aufgehört zu existieren – über 700 Jahre Geschichte ausgelöscht. Neues Leben ist in der ehemaligen Neustadt entstanden, das wüste Gebiet der historischen Altstadt blieb dagegen bis heute unangetastet. In den 1990er-Jahren hat man etliche Fundamente freigelegt und es gibt Pläne, einige historische Gebäude wieder aufzubauen.

www.kuestriner-vorland.de

Historische Ansicht von Küstrin

Was man vom deutschen Oderufer aus sieht, sind die roten Backsteinwehrmauern der preußischen *Festung*. Diese wurde im 16./17. Jh. nach italienischem Vorbild angelegt und bestand aus sechs Bastionen, von denen drei nach dem Ersten Weltkrieg gemäß Versailler Vertrag bereits geschleift werden mussten. Die Festung Küstrin ging 1730 als jener Ort in die Geschichte ein, an dem Hans Hermann von Katte hingerichtet wurde. Katte war Freund des Kronprinzen Friedrich (der Große) und in dessen gescheiterte Pläne eingeweiht, vor seinem Vater (dem Soldatenkönig Friedrich Wilhelm I.) nach England zu fliehen. Friedrich selbst musste noch zwei Jahre in Küstrin bleiben. Seit 1992 sind Küstrin und Küstrin-Kietz wieder per Straße und Bahn miteinander verbunden. Küstrin ist damit erneut zum Bahnknoten geworden für Reisende von Berlin und Brandenburg in die frühere Neumark.

Auch das Dorf **Gorgast** stand in enger Zweckverbindung zu Küstrin. In den Jahren 1883–89 baute man hier eines von vier Außenforts. Es war das einzige westlich der Oder, die drei anderen in Säpzig (Żabice), Tschernow (Czarnów) und Zorndorf (Sarbinowo) lagen südlich und nördlich von Küstrin in der Neumark. Gorgast fiel die Aufgabe zu, das westliche Oderufer zu kontrollieren, die Reichsstraße 1 und die Bahnlinie zu sichern. Die Festung wurde massiv aus Backstein erbaut, abschließend bedeckte man sie mit Erde. Schutz sollte ein umlaufender Wassergraben bieten. Allerdings galt das Gorgaster Fort schon zur Zeit der Fertigstellung als überholt. Bis 1995 nutzten verschiedene deutsche Armeen – vom kaiserlichen Heer bis zur Bundeswehr – die militärisch im Grunde genommen wertlosen dicken Mauern, zumeist als Munitionsdepot. Heute nimmt sich ein Verein der gut erhaltenen, dicht bewachsenen *Festung* an, pflegt sie, arrangiert darin Ausstellungen und bewahrt damit im Oderbruch ein bemerkenswertes Monument deutscher Geschichte. Der Wehrgraben wird als Fischzuchtanlage betrieben, gleich am Eingang zum Fort hat der Fischer sein Verkaufshäuschen.

Verein „Fort Gorgast" e.V.
im Fort Gorgast, OT Gorgast
15328 Küstriner Vorland
Fon (03 34 72) 516 32, Fax -58139
www.fort-gorgast.de

Fort Gorgast

In **Reitwein** südlich von Küstrin-Kietz verändert sich die Landschaft. Hier ragt der bis zu 81,5 Meter hohe, teilweise bewaldete Reitweiner Sporn als eiszeitlicher Grundmoränen-Keil ins Oderbruch hinein. Er ist südlicher Schlusspunkt des Bruchs, natürliche Landmarke dort, wo sich das Odertal wieder verengt. Die Reitweiner *Kirche* steht bereits vor Hochwasser geschützt am Hang des Sporns. Im Zweiten Weltkrieg hat ihr diese Lage nicht genützt, sie erlitt 1945 durch Kampfhandlungen und Plünderungen erhebliche Zerstörungen und blieb bis heute mah-

www.amt-lebus.de
www.reitwein.de
Veranstaltung in Reitwein:
1. Wochenende nach Pfingsten
Heiratsmarkt

Oderauen bei Reitwein

nende Ruine. Lediglich den Turm hat man inzwischen rekonstruiert. Erbaut wurde das Gotteshaus 1856–58 nach Plänen des Architekten Friedrich August Stüler (↗ in Bd. Die Prignitz, Perleberg S. 33). Alljährlich am Wochenende nach Pfingsten zieht das kleine Reitwein tausende Besucher an. Grund ist der berühmte *Heiratsmarkt*, ein großes Volksfest, bei dem man für einen Tag auf Probe heiraten kann. Eine etwa zweieinhalbstündige *Rundwanderung* nach **Wuhden** führt landschaftlich durch reizvolles Terrain, zunächst entlang dem *Reitweiner Sporn*, dann auf dem Moränenrücken zurück. Strategisch von Bedeutung war der Sporn im Zweiten Weltkrieg. Der sowjetische General Shukow befehligte von hier aus seine Truppen in der Schlacht um die Seelower Höhen.

Kirchenruine in Reitwein

Radwanderung Küstriner Vorland/Küstrin-Kietz – Reitwein – Hathenow – Rathstock – Alt Tucheband – Gorgast – Bleyen – Küstrin-Kietz: ca. 35 km (Karte S. 116)

Vom Bahnhof geht's zunächst auf der B 1 in Richtung Osten. Auf der Oderinsel stehen alte Kasernen, die auf Nutzung warten. Vom Oderufer wandert der Blick auf die Küstriner Festungsruinen. Wer Lust hat, macht noch einen Abstecher ins polnische Küstrin (↗). Dann wieder zurück zum Oderdeich, der uns nach Süden an die Oder bei Reitwein/Göritz (Górzyca) bringt. Jetzt nach Westen. In Reitwein (↗) passieren wir links erhöht die Kirchenruine und halten uns geradeaus. Ein Feldweg bringt uns nach Hathenow, wo wir die B 112 überqueren. An der Straße Sachsendorf-Rathstock knicken wir erneut rechts ab, in Rathstock links. Über Alt Tucheband geht es zur B1. Wir wechseln auf die nördliche Seite der schnurgeraden alten Reichsstraße 1, die früher Aachen mit Königsberg verband und kommen wenig später bei Golzow über die Ostbahn, vor dem Zweiten Weltkrieg wichtige Fernverbindung nach Danzig und Ostpreußen. Heute enden die Regionalzüge von Berlin kommend noch in Küstrin. Einige hundert Meter nach dem Bahnübergang biegen wir rechts ab. In Gorgast fahren wir rechts zum gleichnamigen Fort (↗). Anschließend wieder ins Dorf zurück und links nach Bleyen. Dort kommen wir an den Oderdeich, der uns nach Küstrin-Kietz zurückbringt.

An der Oder bei Küstrin-Kietz

Tourist-Informationen, Biosphärenreservat, Naturparks (Auswahl):

Fremdenverkehrsamt Bernau
Bürgermeisterstraße 4, 16321 Bernau
Fon (033 38) 76 19 19, Fax -76 19 70

Tourismusverein Naturpark Barnim e.V.
Berliner Straße 1, 16359 Biesenthal
Fon u. Fax (033 37) 49 07 18

Tourismusverein Naturpark Barnim e.V.
Prenzlauer Chaussee 157, 16348 Wandlitz
Fon (03 33 97) 661 31, Fax -661 68

Tourist-Information Eberswalde/
Museum in der Adler-Apotheke
Steinstraße 3, 16225 Eberswalde
Fon (033 34) 645 20, Fax -645 21

kultourbahnhof
Bahnhofstraße 8, 16348 Ruhlsdorf
Fon (03 33 95) 704 99, Fax -706 99

Biosphärenreservatsverwaltung
Schorfheide-Chorin
Hoher Steinweg 5–6, 16278 Angermünde
Fon (033 31) 36 54-0, Fax -36 54 10

Tourismusverein Schorfheide-Chorin e.V.
Alte Schmiede, Rosenbecker Straße 1a
16348 Groß Schönebeck
Fon (03 33 93) 65 77-7, Fax -8

Wildpark Schorfheide
Prenzlauer Straße 16,
16348 Groß Schönebeck
Fon (03 33 93) 658 55, Fax -57

Tourist-Information
Joachimsplatz 1–3, 16247 Joachimsthal
Fon (03 33 61) 646 32

Klosterverwaltung
Amt Chorin 11a, 16230 Chorin
Fon (03 33 66) 703 77, Fax -703 78

Tourist-Information der Kur- und Fremdenverkehrsgesellschaft, Uchtenhagenstraße 2
16259 Bad Freienwalde
Fon (0 33 44) 150 89-0

Amt Falkenberg-Höhe
Karl-Marx-Straße 2, 16259 Falkenberg/M.
Fon (03 34 58) 646 10, Fax -646 21

Schiffshebewerk Niederfinow
Hebewerkstraße 70, 16248 Niederfinow
Fon (03 33 62) 215

Amt Oderberg
Berliner Straße 89 , 16248 Oderberg
Fon (03 33 69) 709-10, Fax -709-48

Tourismusverband Märkisch-Oderland e.V.
Postfach 28, 15301 Seelow
Fon (033 46) 15 07 01, Fax -15 07 01

Tourismusverein
„Wriezen – Tor zum Oderbruch"
Bahnhofstr. 27, 16269 Wriezen
Fon u. Fax (03 34 56) 717 39

Amt Letschin
Bahnhofstraße 30 a, 15324 Letschin
Fon (03 34 75) 60 59-0

Touristinformation Oderbruch e. V.
Mittelstraße 10, 15306 Seelow
Fon (033 46) 84 98-08, Fax -07

Museen (Auswahl):

Museum Steintor
Berliner Straße, 16321 Bernau bei Berlin
Fon (033 38) 29 24

Museum Henkerhaus
Am Henkerhaus, 16321 Bernau bei Berlin
Fon (033 38) 22 45

Agrarmuseum Wandlitz
Breitscheidstraße 22, 14348 Wandlitz
Fon (03 33 97) 215 58 u. 608 88

Heidekrautbahn-Museum
An der Wildbahn 2a, 16352 Basdorf
Fon (03 33 97) 726 56, Fax -608 28

Internationales Artistenmuseum
Liebenwalder Straße 2, 16348 Klosterfelde
Fon u. Fax (03 33 96) 272
u. Fon (030) 4 47 77 44 (Roland Weise)

Museum in der Adler-Apotheke/
Tourist-Information Eberswalde
Steinstraße 3, 16225 Eberswalde
Fon (033 34) 645 20, Fax -645 21

Luftfahrthistorische Sammlung
Biesenthaler Straße, 16244 Finowfurt
Fon (0 33 35) 72 33

Haus Pehlitzwerder
16230 Brodowin, Fon (03 33 62) 706 86

Oderlandmuseum, Uchtenhagenstraße 2
16259 Bad Freienwalde
Fon (033 44) 20 56, Fax -327 24

Binnenschifffahrtsmuseum Oderberg
Hermann-Seidel-Straße 44
16248 Oderberg, Fon (03 33 69) 470

Heimatstube im Fontane-Haus
Dorfstraße 3, 16259 Schiffmühle
Fon während der Öffnungszeiten
(033 44) 33 37 73, sonst -57 85

Heimatstube Neurüdnitz
Fon (03 34 57) 51 67 o. (03 34 56) 703 35

Brandenburgisches Freilichtmuseum Altranft
16259 Altranft/Schloss
Fon (033 44) 41 43-00, Fax -25

Ausstellungen Kavaliershaus Ost
Schinkelplatz, 15320 Neuhardenberg
Fon (03 34 76) 600-750

Heimathaus Neuhardenberg
Karl-Marx-Allee 97, 15320 Neuhardenberg
Fon u. Fax (03 34 76) 504 30

Verein Langes Haus Altfriedland e.V.
Hauptstraße 23, 15320 Altfriedland
Fon (03 34 76) 509 57

Letschiner Heimatstuben
Birkenweg 1, 15324 Letschin
Fon (03 34 75) 507 97

Heimatstube Neulewin
Fon (03 34 52) 32 15 o. -33 88

Gedenkstätte/Museum Seelower Höhen
Küstriner Straße 28a, 15306 Seelow
Fon (033 46) 597, Fax -598

Schul- und Bethaus Altlangsow
Lindenstraße 6, 15306 Altlangsow
Fon u. Fax (033 46) 84 43 43

Kunstspeicher Friedersdorf an der B 167
Frankfurter Straße 39, 15306 Friedersdorf
Fon u. Fax (033 46) 84 38 56

Museumsmühle Worin
Lößnitzstraße 20, 15306 Worin
Fon (03 34 77) 355 o. -43 56, Fax -52 52

IMPRESSUM

Herzlichen Dank sagt der Herausgeber für die Bereitstellung von Materialien und die inhaltliche Zuarbeit den Mitarbeiterinnen und Mitarbeitern der Tourismusvereine, Stadtverwaltungen, Museen sowie all jenen, die durch ihre fachliche Beratung bei der Entstehung des Reiseführers Brandenburg Der Osten, Band 1 „Der Barnim mit der Schorfheide und das Oderbruch" mitgewirkt haben. Im Besonderen: Prof. Dr. W. Ebert, Eberswalde; F. Zelt S. 22–25, Landesanstalt für Großschutzgebiete; M. Krüger, Naturpark Barnim; Dr. R. Schmook, Bad Freienwalde; A. Meßmer, Tettenweis

PRO LINE CONCEPT-Verlag
Groß Väter 18, 17268 Groß Dölln
Fon (030) 2 82 51 72, Fax (030) 28 04 64 58

Der Band wurde mit Unterstützung des ADAC Berlin-Brandenburg e. V. realisiert.

Fotos und Abbildungen: M. Bolz S. 72 u.; Dr. H.Domnick S.60 m.; H.Drewing S. 78; Prof. Dr. W. Ebert S.12 m., 14, 15 o., 16 o., 17 u., 22, 27 li., 29, 33-35, 40 u., 47, 49 m., 51 o., 52, 54 m.+u., 57, 69 o., 71 o., 85 o., 88 u., 90 o.+u., 91 u., 95 u., 106; Förderverein Kranichdorf Parlow 65 o.; Gleimhaus Halberstadt S.17 o.; B. Grimm S.19 o., 70 u.; S. Haase S. 53 o.; As. Gräfin v. Hardenberg S.109 u.; Al. Gräfin v. Hardenberg S.109 o.; Heimatmuseum Zörbig S. 87 u.; Liebke S.23 u., 24 R.; Nachlass von Stuck S.43 m.; NP Barnim S.24; Dr. J. Schubert S.53 u.; travel.TEXT.berlin S.15 u., 16 u., 18, 19 u., 25, 27 re., 28, 39, 40 o., 42 o., 43 o.+u., 45 u., 46 o., 49 o.+m., 70 o., 71 o., 76, 77, 80-83, 85 m.+ u., 86, 87 o., 88 o.+m., 89, 90 m., 91 o., 92, 93, 95 o., 97-103, 105, 107, 108, 110-112, 113 o.+u., 114-124; H.-J. Wilke S.78 o., 79; Zoo Eberswalde 45 u., 46 o.; alle weiteren Fotos PRO LINE CONCEPT

Redaktion und Layout: PRO LINE CONCEPT, Beate Schubert
Text: travel.TEXT.berlin, Berlin
Grafiken: Bernd Streiter, Mödlich; www.streiter-art.de
Karten: Maren Rudloff, Berlin
Lithografie, Druck: City Repro, Berlin; Druckhaus Mitte, Berlin

ISBN 3-931021-47-5

Brandenburg und Berlin

Regionalverkehr Liniennetz – Ausschnitt Osten

Legende

- Linie des Regionalverkehrs mit Umsteigemöglichkeit
- Schienenersatzverkehr
- S-Bahn-Linie
- U-Bahn-Linie
- Fernbahnhof
- Tarifgebiet VBB
- Tarifbereich Berlin
- Tarifgrenze Teilbereich Berlin C
- Tarifbereich Kreisfreie Städte

Bezeichnung der Bahnhöfe unter Fortlassung der Tarifbezeichnung Berlin bzw. Potsdam

Im Berliner C-Bereich gibt es spezielle Angebote, die Sie bei Ihrem Verkehrsunternehmen erfragen können.

Hinweis: Berlin-Schönefeld gehört sowohl zum Teilbereich B des Tarifbereiches Berlin als auch zum Landkreis Dahme-Spreewald.

Information

Verkehrsverbund Berlin-Brandenburg GmbH
Hardenbergplatz 2, 10623 Berlin
(030) 25 41 41 41

Die Bahn DB
DB Regio AG
Deutsche Bahn Gruppe
Regionalbereich Berlin/Brandenburg
Im Hauptbahnhof Potsdam
Babelsberger Str. 18, 14473 Potsdam
(01805) 194 195

Lausitzbahn
Zittauer Str. 71/73, 02826 Görlitz
(03581)339501

PEG
Prignitzer Eisenbahn GmbH
Bahnhof, 16949 Putlitz
(03 39 81) 80 506

Stand: 15. Dezember 2002
Herausgeber: Verkehrsverbund Berlin-Brandenburg GmbH

ADAC
Berlin-Brandenburg

Auto und ADAC – Betreuung rund um die Mobilität

Wenn es um garantierte Mobilität rund um das Automobil geht, vertrauen in Berlin und Brandenburg bereits weit über eine Million Mitglieder dem in einhundertjähriger Tradition gewachsenen konkurrenzlosen Service des ADAC. Ob Pannenhilfe der „Gelben Engel" oder TourSets, technische Betreuung, juristische Beratung und Unfallservice – der Club ist rund um die Uhr über die Telefonservice-Zentrale sowie Internet und E-mail erreichbar. Für den persönlichen Kontakt stehen sechs Geschäftsstellen und zwei Reisebüros bereit.

Geschäftsstellen
des ADAC Berlin-Brandenburg e.V. in Berlin:

ADAC Hauptgeschäftsstelle im ADAC-Haus
Bundesallee 29/30, 10717 Berlin
Telefon. (030) 86 86-0 und 0180 5 10 11 12*
Fax. (030) 86 86-811 oder 0180 5 30 29 28*

Geschäftsstelle am Gendarmenmarkt:
Taubenstr. 20–22
10117 Berlin
Telefon: (030) 86 86-0 und 0180 5 10 11 12*
Fax: (030) 86 86-811 oder 0180 5 30 29 28*

Geschäftsstellen im Land Brandenburg:

Telefon: 0180 5 10 11 12*
Fax: 0180 5 30 29 28*

Geschäftsstelle Potsdam:
Jägerallee 16
14469 Potsdam

Geschäftsstelle Senftenberg:
Am Neumarkt 6
01968 Senftenberg

Geschäftsstelle Brandenburg/Havel:
Ritterstraße 102
14770 Brandenburg

Geschäftsstelle Frankfurt (Oder):
An der Autobahn 3
15236 Frankfurt (Oder)

Öffnungszeiten aller Geschäftsstellen:

Montag bis Freitag 9.00–18.00 Uhr

DERPART ADAC Reisebüros der Sport
und Dienstleistungsgesellschaft mbH:

Bilderbogenpassage
16816 Neuruppin
Telefon: (03391) 65 56 51
Fax: (03391) 65 56 52

Schloßkirchstraße 1
03046 Cottbus
Telefon: (0355) 3 83 06 04
Fax: (0355) 3 83 06 05
jeweils Montag bis Freitag 9.00–18.00 Uhr

Mobile Geschäftsstellen im Land Brandenburg:

Wittstock
ARAL-Tankstelle
Pritzwalker Straße

Prenzlau
Parkplatz Marktkauf
Seelübber Weg 3

Wittenberge
ARAL-Tankstelle
Lenzener Straße 38–40

ADAC-Pannenhilfezentrale
Telefon: 0180 2 22 22 22**

ADAC-Telefonservice-Zentrale
Telefon: (030) 86 86-0 und 0180 5 10 11 12*
An allen Tagen des Jahres rund um die Uhr.
* 0,12 EUR/Minute ** 0,06 EUR/Anruf

E-mail: adac-service@bbr.adac.de
Internet: www.adac.de